AVANT-PROPOS.

Sı l'on pouvoit douter que le fyftême de MM. les Officiers du Génie , ne fut changé depuis peu d'années , relativement à la défenfe des rades, il n'y auroit qu'à lire le Mémoire que feu M. Filley a fait en 1763 , fur la manière dont il fe propofoit de défendre celle de l'île d'Aix. Ce Mémoire fe trouve au Ve volume de notre Ouvrage , page 281 , & nos Obfervations fur ce Mémoire en font la fuite.

Ce Directeur des Fortifications, à la tête de fon Corps, Officier jouiffant d'une grande réputation méritée, & non conteftée, y raifonne fur ce qu'il fe propofe de faire, d'après les connoiffances d'alors , & les méthodes reconnues pour être les meilleures. Chargé , par le Miniftre, d'une opération de confiance , il n'a pas pu manquer de réunir dans fon projet tous les moyens que l'art lui fourniffoit. Il y a employé fon propre fyftême, appellé à *Mézaleĉtre* , le jugeant fans nul doute , le meilleur de tous les fyftêmes connus. Il a de même deftiné à la défenfe de la rade, une batterie angulaire , croyant (dit-il) que cette forme étoit plus avantageufe que la forme circulaire , qu'avoit eu l'ancienne batterie détruite , & fa batterie étoit à merlon & à ciel découvert (1). On n'imaginoit donc pas qu'on en pût conftruire d'autres ; & il eft également démontré par le choix d'une femblable batterie, que cet ancien Officier n'a rien connu, & que le Corps à la tête duquel il étoit, ne connoiffoit rien de meilleur pour la défenfe d'une rade , que des batteries ainfi

-----

(1) Voyez cette batterie , Planche XVII du Ve volume , & Planche X de fon Supplément , *fig.* 1 , & ici Planche I.

(iv)

conftruites. Auffi s'exprime-t-il ainfi dans fon Mémoire au fujet de cette même batterie (1) : « *Nous regardons la nouvelle* » (batterie de fon projet) *COMME LA PRINCIPALE, LA* » *PLUS FORMIDABLE, ET LA PLUS ÉTENDUE DÉ-* » *FENSE DE L'ILE D'AIX. Après avoir tenté plufieurs* » *autres difpofitions, nous ne lui en avons pas trouvé de* » *plus avantageufe pour la plus grande quantité de feux* ».

Telles font fes propres expreffions, & telles font les moyens les plus puiffans qu'on avoit à employer alors. Mais pour nous mettre en état de juger de la foibleffe de ce grand moyen, nous donnons encore ici la même Planche X du Supplément au cinquième Volume, à laquelle nous avons fait ajouter le nombre de feux que chacun des forts qui y font exprimés, peut donner fur la rade par décharge. On y verra que cette batterie de M. Filley, *fig.* 1, jugée fi FORMIDABLE dans la façon de voir à cette époque, ne pouvoit donner que 1, 2, 4 & 8 coups au plus par décharge (2), & que ces feux pouvoient être éteints de plufieurs manières, foit par l'enfilade, foit par les plongées ; tandis que le fort que nous y avons établi figure 3, donne 80 & 82 coups à la fois, partant de canons couverts, qu'aucun vaiffeau ne peut démonter.

Cependant ce même fort, tel que nous l'avons fait exécu-

____

(1) Voyez page 297, de notre V^e volume.

(2) *Nota.* Ce calcul eft fondé fur le plan de cette batterie figné de l'Auteur, communiqué par le Bureau de la Guerre, où il donne 8 toifes d'épaiffeur à fon parapet. De-là, il fuit que les canons y doivent être efpacés à 6 toifes au moins, pour que les merlons aient 9 pieds d'épaiffeur en-dehors. En les plaçant à barbette, elle en contiendroit le double ; mais quel effet feroit une telle batterie, contre des vaiffeaux, qui peuvent en approcher, à la demi-portée du fufil.

C'eft par cette raifon, que nous n'avons admis dans le calcul des feux, relatif aux forts exécutés à Cherbourg, que ceux provenants des canons à couvert du feu des hunes.

MÉMOIRE

SUR LES CASEMATES EXÉCUTEÉS A CHERBOURG,

Sur celles exécutées au Fort de l'île d'Aix, & fur les Affûts de Canons ;

avec le Projet d'un Port à la Hougue :

Où l'on démontre fur plufieurs Planches les défauts des Méthodes qui y ont été employées, & les avantages de celles qu'on eût dû fuivre.

Lu à l'Académie Royale des Sciences le 29 Juillet 1789.

Par M. LE MARQUIS DE MONTALEMBERT, Maréchal des Camps & Armées du Roi, Membre de cette Académie, & de l'Académie Impériale de Saint-Pétersbourg.

A PARIS,

DE L'IMPRIMERIE DE PHILIPPE-DENYS PIERRES, Premier Imprimeur Ordinaire du Roi, rue S. Jacques.

Et fe trouve

Chez DIDOT, Libraire du Roi pour l'Artillerie & le Génie, rue Dauphine, N° 116.

M. DCC. XC.

[illegible]
[illegible]
[illegible]
[illegible]
[illegible]

ter , n'a coûté que la quinzième partie environ , qu'auroit coûté le projet de M. Filley. Ses devis, qui font au Bureau de la Guerre , ainſi que nous l'avons déja dit, montoient à la ſomme de 16,142,646 livres , tandis que le fort qui exiſte ne revient pas à 900,000 livres ; ſes effets ſont donc dans certaines parties, comme 8 eſt à 1 ; & dans les moins favorables, comme 80 eſt à 8 , ou comme 10 eſt à 1 , tandis qu'il ſe trouve dans ſa conſtruction , une économie de plus de quinze millions 2 à 300 mille livres.

Or, eſt-ce trop préſumer de dire, que ſi je n'euſſe établi d'autres principes dans mon ouvrage ; ſi je n'euſſe pas donné , gravés dans le plus grand détail, des forts caſematés de tant de différentes formes ; ſi je n'y euſſe pas dit en tant d'endroits, que les batteries caſematées étoient les ſeules qu'on pût avec ſuccès oppoſer aux vaiſſeaux, on auroit vraiſemblablement , exécuté à Cherbourg , ce que le Chef du Corps avoit projetté pour l'île d'Aix ? Si on a fait au contraire , des forts & des caſemates à peu près ſemblables à mes forts & à mes caſemates , & non des batteries ſemblables à celle de M. Filley, regardée alors, de la PLUS FORMIDABLE ET ÉTENDUE DÉFENSE, peut-on ſe refuſer à croire que mon Ouvrage & le fort caſematé , que j'ai exécuté à l'île d'Aix, en ſont la cauſe ? Et que ce ſont mes méthodes que MM. les Officiers du Génie, employés à Cherbourg , ont adopté ? C'eſt cependant ce qu'ils nient formellement, & ce qui m'impoſe l'obligation de les contredire.

Nous laiſſerons cependant cette queſtion à décider aux impartiaux. Nous avons voulu nous borner ici à faire connoître, par l'aveu d'un Chef du Corps , quels étoient les moyens de défenſe connus en 1763, afin d'établir d'une manière inconteſtable, que ceux exécutés à Cherbourg , ne ſont pas les mêmes. Et nous diront feulement, qu'en fuppofant ce changement de principes, dû au hazard, le hazard eût été plus heureux, fi l'on eût mieux profité de tous les avantages, que ces mêmes principes peuvent procurer.

Il nous refte à dire que ce Mémoire étoit déja imprimé en partie, lorfque nous avons obfervé que la Planche XI, ajoutée au Supplément à notre cinquième volume, y étoit un hors-d'œuvre, puifqu'elle eft la même que la figure 3, Planche X de ce Supplément, & qu'il convient de la joindre ici aux différentes Planches que nous donnons, relatives au même fort de l'île d'Aix. Ainfi cette Planche XI, que nous avons fuppofé, page 7 de ce Mémoire, être au Supplément, fe trouvera placée ici fous le n° IX; & les détails qui la concerne, fe trouveront à l'Explication des Planches, à la fin de ce Mémoire; de façon que toutes les fois qu'on trouvera la Planche XI du Supplément, citée dans ce Mémoire, il faudra avoir recours à la Planche IX, placée fous ce numéro, parmi les Planches jointes à ce Mémoire, & la Planche X, du Supplément s'y trouve également.

Mais pour avoir une entière connoiffance de tout ce qui eft relatif au préfent Mémoire, il faut néceffairement lire avec attention l'Explication des Planches, qui fe trouve aux pages 65 & fuivantes. Nous avons préféré de renvoyer tous ces détails à la fin, pour ne pas trop interrompre le fil du difcours; ceux qui en feront curieux pourront les y trouver.

MÉMOIRE

MÉMOIRE

Sur les Casemates & sur les Affûts de canons, relatif aux travaux exécutés à Cherbourg, avec le Projet d'un Port à la Hougue.

Lu à l'Académie Royale des Sciences le 29 Juillet 1789.

Par M. le Marquis DE MONTALEMBERT.

LES casemates ont une origine ancienne, mais leur construction fut toujours vicieuse. Renfermées dans des souterreins bas, étroits, sans air passant, sans autre ouverture que des cheminées de peu de capacité, la fumée de la poudre s'y condensoit de manière à ne pouvoir ni y respirer, ni y voir. Après un premier coup, il falloit attendre long-tems pour appercevoir les objets extérieurs, & pouvoir en ajuster un second. Pendant cette inaction de la batterie casematée, composée toujours d'un très-petit nombre de canons, celle qui lui étoit opposée en plein air, avoit le loisir d'ajuster plusieurs coups dans les embrâsures de ces casemates faites toujours beaucoup trop grandes, & d'en démonter les pièces. C'étoit ainsi la batterie découverte qui faisoit taire la batterie couverte. Il n'est donc pas étonnant qu'on ait abandonné une méthode aussi défectueuse.

Un autre vice de construction non moins important, étoit que les murs de face de ces casemates avoient à supporter la poussée de leurs voûtes cintrées du derrière au devant. De-là, il devenoit indispensable de donner aux murs de face 12 & 13 pieds d'épaisseur ; & comme on n'avoit aucune théorie pour le tracé des embrâsures, qui fut relative

A

au plus grand effet du canon dans la plus petite ouverture possible ;
elles avoient beaucoup plus de hauteur & de largeur qu'il n'étoit
néceffaire, pour l'objet que les pièces avoient à remplir, ce qui donnoit
la facilité à l'ennemi de diriger tous fes coups dans l'embrâfure, facilité
au refte qui lui a été confervée dans le tracé des embrâfures exécutées
aux nouveaux forts de Cherbourg.

Dès que j'eus entrepris d'élever l'art défenfif au degré de force
auquel j'ai penfé qu'il pouvoit atteindre, je reconnus bientôt que les
cafemates pouvoient feules en fournir les moyens. Mais ce n'étoient
pas celles exécutées jufqu'alors, dont les défauts étoient évidents. Il
falloit donc inventer d'autres compofitions qui en fuffent exemptes,
& il fallut de plus chercher à en étendre les effets de manière à les
rendre fupérieurs à ceux de l'artillerie que l'affiégeant pouvoit leur
oppofer. Je me fuis donc d'abord attaché à y pratiquer des ouvertures
fuffifantes pour l'évacuation de la fumée, à les former de différens
berceaux de voûtes fucceffifs, dans des directions perpendiculaires à
leurs murs de face, de manière que ces murs n'ayant aucune pouffée
de voûte à foutenir, fuffent foutenus eux-mêmes & renforcés par
les pieds droits de ces berceaux. De-là leur épaiffeur devenoit bien
moins grande, & de ce moment les embrâfures pouvoient y être
conftruites d'une forme plus avantageufe à la défenfe. Mais comme il
importe effentiellement dans de pareilles conftructions que la dépenfe
foit la moindre poffible, en obtenant l'effet le plus grand, mes murs
de face étant foutenus au lieu d'avoir à foutenir, ont été réglés à de
moindres épaiffeurs, tandis que les cafemates elles-mêmes ont été
difpofées de manière à pouvoir y placer beaucoup de canons dans
de petits efpaces, afin d'employer, par ces deux moyens réunis,
moins de maçonnerie pour avoir une quantité de pièces en batterie
beaucoup plus confidérable.

Ce font ces puiffantes confidérations qui m'ont fait efpacer dans
les cafemates les pièces de trente-fix à neuf pieds de diftance d'un
centre à l'autre, & l'expérience faite au fort de l'île d'Aix où elles
ont toutes été efpacées de même, prouve que le fervice à cette diftance s'en fait très-facilement. Par la même raifon, j'ai placé dans
mes nouvelles cafemates deux, trois & quatre étages de batteries fous

la même voûte, & plus même, suivant le degré de force néceſſaire à
leur donner. Enfin j'ai donné à toutes mes arcades vingt-ſept pieds
dans œuvre pour pouvoir placer trois pièces dans chacune , & avoir
le moins de murs de refend poſſible. L'on ſent que par-là on peut
obtenir plus de feux & moins de dépenſe.

Cependant les caſemates en général avoient été déclarées par les
Officiers du Génie , ne pouvoir être d'aucun uſage dans la pratique,
à cauſe des inconvéniens dont il vient d'être fait mention , & M. de
Fourcroy l'a encore ſoutenu dans le volume qu'il a publié il y a
deux ans ſur la *Fortification Perpendiculaire*.

Aucuns de ces Meſſieurs n'ont cherché à y remédier ; & d'après
cet arrêt de réprobation, prononcé ſans aucune reſtriction , les principaux du Corps, paroiſſent avoir penſé ne pas devoir ſe rétracter.
Ils ont donc perſiſté à ſoutenir , malgré les conſtructions différentes
données dans mon ouvrage , que mes nouvelles caſemates n'étoient
pas meilleures que les anciennes ; & lorſqu'on ſût en 1779 que je
faiſois exécuter à l'île d'Aix un fort en bois caſematé à pluſieurs étages,
deſtiné à défendre ſa rade, qui eſt celle de Rochefort, M. de Fourcroy fit un Mémoire où il avança que la fumée de la poudre, qu'il
taxoit de *peſtilentielle* , étoufferoit les canonniers dans l'intérieur des
batteries , & que *la commotion du canon du fort n'en ſeroit qu'un amas
de décombres*. Il aſſura même le danger ſi certain que le Miniſtre crut
devoir ordonner , pour s'en aſſurer , au Commandant de la Province,
(M. le Marquis de Voyer) de faire l'expérience qui eut lieu le 7
Octobre 1781. Mais cette expérience prouva , par ſon ſuccès complet, les erreurs dans leſquelles le Miniſtre avoit été induit. J'ai rendu
compte du ſuccès complet de cette épreuve à l'Académie , le 29
Novembre 1783 , par un Mémoire ſur l'effet du canon dans les caſemates , qui ſe trouvera à la fin de ce Mémoire.

Ainſi juſqu'alors les travaux ſemblables à ceux exécutés à l'île
d'Aix , étoient méconnus & déſaprouvés. Juſqu'alors MM. les Ingénieurs n'avoient conſtruit, pour la défenſe des rades, que des batteries à merlon & à embrâſures découvertes ou à barbette. Cependant
tandis que les auteurs du Mémoire ſur *la Fortification Perpendiculaire*,
ſoutenoient publiquement , dans l'ouvrage qu'ils ont fait imprimer ,

l'impoſſibilité du bon uſage des caſemates ; ceux chargés d'établir des batteries à Cherbourg, pour en défendre la rade, n'ont plus voulu exécuter aucune des batteries à merlon & à ciel découvert, qui défendent la rade de Breſt, ainſi que celles des autres ports du Royaume. Ce ſont mes batteries caſematées auxquelles ils ont jugé devoir donner la préférence, & le fort du Houmet eſt la premiere conſtruction dans ce genre qui ait été exécutée par des Officiers du Corps du Génie. Mais il eût été à déſirer que cette premiere imitation eût été plus exacte.

Quoi qu'il en ſoit, il paroît qu'on a apperçu dans mes caſemates que leur forme extérieure, qu'on s'eſt attaché à imiter ; car elles n'ont aucuns des avantages qui ſe trouvent dans les miennes, ni relativement à la dépenſe qu'elles peuvent occaſionner, ni aux effets de l'artillerie qu'elles doivent contenir. Cependant on n'en a pas moins cru qu'en ſe ſervant de mes nouveaux affûts à aiguille de l'île d'Aix, on remédieroit à tous ces défauts de conſtruction, & l'on en a fait venir quarante à Cherbourg, où l'on a cru néceſſaire d'y faire divers changemens, qu'on a ſuppoſé devoir être fort avantageux. Nous avons donc à examiner, dans la ſuite de ce Mémoire, le mérite de ces changemens ; mais pour être entendu ſur ce que nous avons à dire à ce ſujet, il faut néceſſairement faire un petit hiſtorique des affûts exécutés juſqu'alors.

Les affûts en uſage de tous tems, ont été connus ſous ces deux dénominations, d'affûts de terre & d'affûts marins ; les premiers ont été diviſés en affûts de ſiéges, en affûts de place & en affûts de campagne, tous également à deux roues & à flaſques fort longs, poſant à terre lorſqu'ils ſont en batterie. Les ſeconds, appellés affûts marins, ſont portés ſur quatre roues ; ceux-ci ont été employés principalement à armer les vaiſſeaux, qui ne ſont que des caſemates en bois, & à armer le peu de caſemates faites autrefois dans les flancs de quelques places, comme les tours baſtionnées de Landau, de Belfort & du Neuf-Briſack ; & enfin ces mêmes affûts ont été employés à monter tous les canons deſtinés à défendre nos côtes & nos rades. Depuis une vingtaine d'années ſeulement, on a fait des affûts appellés de côtes, machines conſidérables & fort élevées, ne pouvant tirer que par-deſſus des parapets , tenant les pièces à la hauteur de plus de ſix pieds. L'uſage de ces ſortes d'affûts , dans les caſemates , étoit impoſſible , tant par la hauteur où ils élèvent les canons , que par le très-grand eſpace qu'ils y auroient occupé , de manière que l'on étoit toujours réduit aux ſeuls affûts marins à quatre roues , qui n'ont ni vîteſſe , ni préciſion dans leur exécution.

Mais des caſemates ne ſont utiles que dans la proportion de la quantité de feux qu'elles peuvent donner ſur les différens points d'attaque de l'aſſiégeant : or cette quantité dépend néceſſairement , outre le nombre des pièces , de la promptitude , ainſi que de la juſteſſe du tir , & les affûts à flaſque traînans , ni les affûts marins , & encore moins les affûts de côte , ne pouvant ſatisfaire à aucune de ces conditions ; j'ai donc été obligé de compoſer de nouveaux affûts , ils ont été appellés affûts à aiguille. Leurs différentes dimenſions ſe trouvent au cinquième volume , & ſur pluſieurs planches données dans ſon Supplément & dans ma Réponſe aux Ingénieurs.

Ce ſont ces nouvelles caſemates avec ces nouveaux affûts que l'on trouve dans le premier volume de *la Fortification Perpendiculaire* , publié en 1776 , & les volumes qui ont paru depuis , n'en contiennent que les différentes modifications. L'on ſent que ces ſortes de machines ſont ſuſceptibles d'en recevoir un grand nombre, toutes déterminées par les cas particuliers où l'on a à les employer.

Mais les circonſtances de la guerre ſurvenue ſubitement à la fin de 1778 , ayant obligé le Miniſtre d'avoir recours à mes nouvelles méthodes , afin d'avoir promptement un fort placé à la pointe méridionale de l'île d'Aix , pour en défendre la rade : il me fallut en imaginer un qui pût remplir cet important objet ; j'eus recours néceſſairement à des compoſitions nouvelles , celles employées juſqu'alors étant partout inſuffiſantes , & celles déja gravées dans mon ouvrage n'y étant pas applicables (1). Chargé de l'exécution de mon projet , ce fut alors que je fis exécuter mes affûts à aiguilles , & je les compoſai dans des

---

(1) *Nota.* Il exiſtoit un projet de M. Filley , fait en 1763 , par ordre du Miniſtre , dont le devis montoit à 16,152,646 liv. pour la ſeule fortereſſe & ſa batterie avancée , deſtiné à la défenſe de la rade. Voyez-en les plans & devis au Vᵉ volume de la *Fortification Perpendiculaire* , pag. 276 , &

proportions relatives au fort que j'avois à construire ; en même-
tems que je composois le fort pour les affûts. Les embrâsures furent
de même tracées d'une façon avantageuse pour l'effet des canons auxquels elles étoient destinées ; & de cet ensemble, qu'il seroit si fort
à désirer qu'il fût mis dans tous les forts à construire, il est résulté qu'on
a eu par-tout l'effet qu'on se proposoit d'avoir. Dans cette disposi-
tion, les canons de trente-six, placés à neuf pieds les uns des autres,
pouvoient tirer à soixante degrés d'ouverture horisontale, sans changer de centre, de mouvement, & produire dans une même étendue
une multitude de feux couverts de quatre-vingt coups par décharge
sur chaque point de la rade, quantité dont aucune autre méthode
connue n'eût pu donner la dixième partie, encore cette petite quantité eût-elle été détruite facilement par le feu des gaillards & de hunes
des vaisseaux dans les batteries à ciel découvert, les seules qu'on fût
dans l'usage de pratiquer.

Nous allons placer ici une courte description de ce fort, suffisante
seulement pour entendre les Planches que nous en avons fait graver
depuis plusieurs années, les circonstances ne m'ayant pas permis de
donner à ce sujet toute l'étendue dont il est susceptible. Il faut du moins
que ce fort, le premier des forts casematés, destiné à la défense des
rades, nous serve de comparaison pour juger si ceux faits depuis à
Cherbourg, dont nous avons à nous occuper, peuvent avoir des avantages qu'il n'a pas, ou si celui de l'île d'Aix en a sur eux.

Nous avons dit en nombre d'endroits de nos ouvrages, que ce fort
a été édifié en tems de guerre dans un emplacement où les vaisseaux ennemis pouvoient approcher de la côte à une portée de pisto-
let, & qu'il falloit de plus créer sur le champ un moyen de défense
pour la rade importante de Rochefort, toutes conditions qui excluent
nécessairement les constructions en maçonnerie ; celles en bois étoient
donc les seules qui pussent être pratiquables. Mais comment un fort
en bois pourra-t-il devenir capable de fournir une défense telle qu'elle

---

Planche XVIII. Ce projet demandoit plus de dix années pour son exécution, & j'ai prouvé
dans le Supplément à mon V^e volume, que sa batterie avancée ne pouvoit donner que deux,
quatre, & huit coups de canons sur chaque points de la rade, & qu'étant à ciel découvert,
elle eût été plongée de tous les feux des vaisseaux.

puiſſe en impoſer à des vaiſſeaux de ligne , & comment pouvoir luî donner le degré de ſolidité proportionné à tous les objets qu'il étoit deſtiné à remplir ? Il falloit ici réunir ces deux qualités ſi eſſen-tielles , la force avec la durée , ce qu'on n'eſt naturellement pas porté à croire poſſible dans un fort en bois. L'explication des différentes Plan-ches que nous donnons ici , mettra à portée d'en juger.

Il ſeroit fort inutile de répéter ici ce que nous avons dit ſur le fort de l'île d'Aix , au Ve volume de notre ouvrage , chapitre IX , ni ce que nous en avons dit dans le Supplément à ce Ve volume , de-puis la page 313 , juſqu'à la page 346 , on peut y avoir recours , & nous regarderons les Planches X & XI de ce Supplément comme étant les premières de celles appartenantes particulièrement au fort de l'île d'Aix , parce qu'elles comprennent le fort avec le bourg , & la manière dont l'enceinte d'enveloppe de ce dernier devroit être conf-truite ſuivant notre méthode des forts à tours angulaires.

Nous commencerons donc par donner la Planche no I , qui repréſente le fort ſur une plus grande échelle qu'il ne l'eſt ſur la Pl. XI du Sup-plément au Ve volume , & par conſéquent d'une manière plus diſtinĉte. Le fort en bois caſematé ſe voit marqué *a* ; l'avancée de ce fort ſe voit en *b*. La lettre *c*, depuis no 1 , juſqu'à no 10 , marque les différens coutours de la batterie environnante , où l'on voit ma méthode des pièces accolées avec des traverſes de deux en deux pièces , qui les couvrent de manière à ne pouvoir être priſes en rouage.

Cette batterie , d'une conſtruĉtion entiérement nouvelle , que nous appellons à ciel couvert , ſe trouve gravée dans le plus grand détail , Planche X de notre Ve volume. On y voit les embrâſures doubles , vues en élévation extérieure & intérieure , en plan & en coupe ; on y voit ſur-tout la hauteur de ſon parapet fixée à huit pieds au-deſſus du terrein, & il pourroit l'être dans cette méthode de neuf pieds s'il le falloit, de manière à ce que les canonniers deſtinés à ſervir les pièces , ſoient couverts du feu des hunes des plus gros vaiſſeaux , placés ſeulement à ſoixante toiſes de la batterie. C'eſt cependant cet avantage inappré-ciable que M. de Fourcroy a dénié dans le Mémoire qu'il a fait en 1779 , contre le fort de l'île d'Aix , dont nous avons déja fait men-tion. Il affirme que toute cette batterie eſt plongée des hunes des vaisseaux ; parce que , dit-il , les hunes des gros vaisseaux sont élevées au-dessus du terrein de soixante-dix pieds , tandis que le parapet de la batterie n'en a que huit. Donc , &c. Mais M. de Fourcroy , a dû savoir que la différence des hauteurs ne suffit pas pour déterminer les plongées , & que les distances des commandemens doivent y entrer. C'est cependant sur une telle supposition , qu'il se fonde , pour ne compter pour rien le feu de quarante-six pièces de trente-six , dont cette batterie environnante est armée. Mais j'ai prouvé combien son erreur étoit grande , par la réponse que j'ai faite dans le tems à son Mémoire, & une seule règle de trois m'a suffi ; car l'on a la proportion suivante. Soixante-dix pieds , hauteur des hunes des vaisseaux de quatre-vingt canons , est à soixante toises ou trois cent soixante pieds , distance où il suppose que le vaisseau approchera , comme huit pieds , hauteur du parapet de la batterie environnante , est à un quatrième terme , que l'on trouve de quarante-un pieds $\frac{1}{7}$, distance en dedans du parapet où la balle partant des grandes hunes toucheroit le terrein de la batterie. Or , il ne faut que dix à douze pieds au plus derrière le parapet pour le service du canon ; donc les canonniers ne seront pas vus des hunes ; donc M. de Fourcroy s'est trompé. On peut voir à ce sujet la Pl. V. du Ve volume , *fig.* 2 , où l'on exprime le profil d'un vaisseau à soixante toises , avec celui de la batterie où cette proportion se trouve démontrée par la figure.

Nous sommes bien éloignés cependant de taxer M. de Fourcroy de ne savoir pas faire une regle de trois , il a trop bien su calculer dans tant d'autres genres , mais bien d'avoir conclu le contraire de ce que le résultat de cette règle a mis sous ses yeux.

Le front de ce fort , du côté de l'intérieur de l'île , étoit avant sa destruction un ouvrage à cornes , dont les faces des demi-bastions , ainsi que la courtine , avoient été en partie démolies ; les flancs l'étoient entiérement. Mais comme ils avoient été casematés , il restoit la voûte de la casemate , qui formoit le haut du rempart ; ces casemates étoient destinées à recevoir deux pièces de canon au moyen de deux embrâsures , très-larges & très-hautes , formant un très-vaste entonnoir , tel qu'on étoit dans l'usage de les faire anciennement. Les voûtes avoient leur poussée à exercer sur le mur extérieur du flanc , comme

on

on peut le voir au plan, Planche III, & au profil *a*, *b*, *c* ; & il n'y
avoit d'issue pour la fumée qu'une poterne de trente pieds de longueu r
& une cheminée très-étroite, pratiquée dans une extrêmité de la casemate ; enfin c'étoit de celles dans lesquelles on ne pouvoit tirer deux
coups de canon de suite sans y étouffer , & dont on avoit très-
sagement fait d'abandonner l'usage. Dans cette situation des choses,
j'ai disposé ce front de fortification d'une toute autre manière ; je
me suis bien gardé, en rétablissant les murs de ces flancs , d'y placer un parapet destiné à défendre les faces opposées des bastions ,
ainsi qu'ils les défendent dans tous les systêmes bastionnés. J'ai préféré de prolonger les faces de chaque bastion , & de former ce
que j'ai appellé une *tenaille angulaire* , dont la demi-lune que j'ai réta-
blie , est devenue le *couvre-face*. De cette façon , les défenses de
chaque face se sont trouvé rapprochées de la moitié de leur distance
à peu-près ; c'est la méthode que j'ai donnée dans le premier volume
de mon ouvrage , Planche I, *fig. 6* , où l'on trouve également les
motifs qui m'y ont déterminé ; de ce moment j'ai placé tous les
parapets sur l'autre partie du rempart, pour en former une suite,
dont la défense seroit dirigée du côté de la mer , & dans tout l'intérieur de la batterie environnante , en conservant une défense du
côté de l'intérieur de l'île, comme on le voit Planche I & Planche
III. Mais une partie du revêtement de la courtine, que l'on voit de
n en *n*, Planches I & IIe s'étant trouvée entiere, j'en ai profité pour
la lier au fort en bois, en formant les deux oreillons marqués *P* & *P*,
comme on le verra mieux Planche III. On y verra de même bien
plus distinctement, comment le fort en bois est lié à la partie saillante
de la *tenaille angulaire* , de manière à ne faire , pour ainsi dire, qu'un
même fort. Toujours est-il certain qu'il existe par ce moyen , une
communication intérieure entre le fort, son avancée , les deux aîlerons , & le saillant de la *tenaille angulaire* , qui forme , de toutes ces
différentes parties, autant de retranchemens successifs à forcer pour parvenir au fort en bois. La demi-lune *U* a été reconstruite telle qu'elle
étoit. J'ai formé les deux petites places d'armes retranchées *X* , ainsi
que les flèches avancées *m, l, k* & *k*. Elles ont pour principal objet de con-
server la communication avec deux puits d'eau douce *h* & *i* ; mais la

B

manière de couvrir ces communications n'est pas celle en usage ; on n'y emploie jamais qu'une traverse quarrée , dont la face extérieure n'étant flanquée par rien , favorise les approches ; mais cette traverse a de plus l'inconvénient d'avoir un passage ouvert à chacun de ses côtés, au moyen duquel on découvre , des sapes voisines, l'intérieur du chemin couvert, dont la communication entre ses différentes branches , devient fort dangereuse , tandis que par ce moyen-ci tout reste parfaitement couvert , & l'assiégé n'y peut trouver aucun abri : nous croyons pouvoir dire que ce petit front ainsi disposé , seroit susceptible d'une très-bonne défense. Enfin sur cette même Planche I , on voit cette batterie de lance de la croix, dont M. *le Marquis de Voyer*, dit dans sa lettre au Ministre , du 7 Octobre 1781 , où il lui rend compte du SUCCÈS COMPLET de la preuve de ce fort , que la construction de cette batterie DOIT ÊTRE REGARDÉE COMME UN CHEF - D'ŒUVRE. Il faut remarquer en effet qu'elle est disposée de façon qu'aucune de ses embrâsures ne permettent de tirer sur le fort , les lignes de feu l'indique ; de façon qu'il faudroit, si l'ennemi étoit parvenu dans l'île, qu'il la démolît, & la reconstruisît sous le feu du fort, pour en pouvoir faire usage.

La Planche II offre trois plans particuliers du fort , celui n° 1, pour le rez-de-chaussée ; le n° 2 , pour le premier étage, & le n° 3, pour la platte-forme supérieure. La *fig.* 4 est un profil sur la ligne *A B* , dont toute l'étendue ne se voit que sur la Planche I. MM. les Officiers du Génie , auteurs du Mémoire sur la Fortification Perpendiculaire , ont fait graver, Planche XIII , la moitié de la *fig.* 1 , & la moitié de la *fig.* 3 , qui se trouve ici sur notre Planche II ; & cela sur la même échelle, parce que ces plans ont été copiés sur les miens à l'île d'Aix ; mais la platte-forme est entièrement différente au plan , *fig.* 17 , & à sa coupe , *fig.* 18 de leur Planche ; parce que, lorsque cette copie a été prise , je n'avois point encore décidé comment je la disposerois , & que je n'ai pas été heureusement suppléé par les auteurs, ce qu'ils y ont mis du leur , ne valant rien du tout ; la manière dont ils ont disposé la terrasse ne permettroit point d'y placer de l'artillerie : mais ils n'ont rapporté ces dessins que pour donner de ce fort une description peu exacte , & en venir

à ce qu'ils avoient à cœur de perfuader ; c'eft que le fuccès de l'expérience du fort de l'île d'Aix, ne concluoit rien pour le bon ufage
des cafemates, parce que ce fort n'en eft point une felon eux, *c'eft un
entre-pont de vaiffeau.* Un Officier de leur Corps leur a très-bien répondu:
» *Hé bien, Meffieurs, faites des cafemates, qui, comme le fort de l'île*
» *d'Aix, foient des entre-ponts de vaiffeau, le nom ne fait rien à la*
» *chofe, pourvu que le bien fe faffe*».

Pour connoître la compofition de l'efcarpe, de ce fort, ou de fon
enceinte extérieure, il faut confulter la Planche X du Ve volume, où
l'on voit tous les affemblages des bois pour former les embrâfures, &
comment les vuides de tous ces chaffis font remplis de maçonnerie,
de manière que l'épaiffeur de ce parement eft de cinq pieds, dont
deux en bois, & trois en maçonnerie. Quant à la voûte, elle eft en
terre foutenue par des bois debout, dont on connoît la force pour
foutenir les plus pefans fardeaux. La folidité d'une pareille compofition eft évidente. Ce fort eft affis fur un terrein de rocher élevé de
douze pieds au-deffous des plus hautes marées. Jamais dans aucun
tems il n'eft battu des eaux de la mer, & quoique fes bois ne puiffent en être détériorés, ils n'en font pas moins fufceptibles de l'être
par l'effet du tems; mais en remplaçant chaque pièce à mefure qu'elle
viendroit à manquer, on eft fûr d'en éternifer la durée. On fait que
les ponts fur les rivières, expofés à tous les efforts du courant, durent
autant qu'on fait les entretenir.

Au furplus, nous avons donné dès l'année 1779, notre projet
d'un fort en pierre pour le même emplacement, dont les plans &
profils font fignés de nous au dépôt de la guerre à Verfailles, &
c'eft ce même projet qui fe voit, Planche X du Supplément au Ve
volume, *fig.* 5. On en peut avoir une idée fuffifante, quoiqu'il foit
fur une très-petite échelle. J'ai fait l'application de cette méthode
de conftruire des fouterreins à des forts, dans différentes formes, qui
feroient d'une exécution très-prompte & peu coûteufe, l'efcarpe, ou
l'enceinte extérieure étant en maçonnerie, & ces fortes de forts étant
toujours armés d'une puiffante artillerie, font de nature à être ref-
pectés par-tout où ils feront placés, mais il faut avoir la permiffion,
qu'on n'a pas voulu m'accorder, de placer entre la charpente & les

terres ; ou des tôles vernies ou du plomb. Alors ils deviendront impénétrables aux filtrations, dont aucunes des voûtes en maçonnerie terminées en platte-formes ne font exemptes.

La Planche III contient dans le plus grand détail, le plan & des coupes dans tous les fens de ce que j'ai appellé la *tenaille angulaire* du fort, où elle fe trouve fur une plus grande échelle, ce qui en rend les différentes parties très-diftinctes. En fuivant avec quelque attention les différentes lignes de profil, on connoîtra parfaitement les avantages qu'une femblable compofition donne pour la défenfe.

Enfin la Planche IV contient d'abord deux Figures n° 1 & n° 2, qui forment la fuite du profil général de la Planche Iere fur la ligne *A, B, E, F,* dont une partie fe trouve Planche II. Ils font très-exacts, & l'on y trouvera avec un peu d'attention toutes les hauteurs des différents ouvrages avancés, tant en profil qu'en perfpective. La *figure* 3 n'a pas befoin d'explication, elle repréfente le fort tel qu'il eft vû du côté de la mer, où il préfente trois batteries formidables, avec les deux latérales, qui produifent des feux croifés du plus grand effet ; cette partie feule du fort, fans fes batteries environnantes, peut fournir des feux couverts de 56 à 60 pièces de canons, qu'il feroit impoffible à aucun vaiffeau de foutenir. Nous ne penfons pas qu'il fût utile de s'étendre davantage fur ce fujet ; ce qui précède fuffit pour mettre en état de comparer ce que nous avons fait, à ce qui s'eft fait depuis, dans la vue de remplir le même objet. Mais nous avons à faire obferver de plus, que toute cette artillerie eft montée fur des affûts nouveaux appellés *à aiguille,* que trois hommes manœuvrent avec la plus grande vîteffe & facilité ; enfin ce fort réuniffoit des avantages fi évidents, qu'il fut décidé que la rade de Cherbourg feroit défendue par des forts cafematés, & enfuite il fut décidé de même, que l'artillerie de ces cafemates feroit montée fur des affûts à aiguille.

Ce fort cafematé de l'île d'Aix, étant armé de plus de cent cinquante canons de trente-fix, montés fur ces affûts nouveaux, appellés à *aiguille,* que trois hommes manœuvroient avec la plus grande vîteffe & facilité, avoit des avantages fi évidens, qu'il fut décidé que la rade de Cherbourg feroit défendue par des forts cafematés , & avec une artillerie montée fur des affûts *à aiguille.*

Mais ces nouveaux affûts , qui avoient fervi à l'île d'Aix pendant toute la guerre avec des fuffrages unanimes , tranfportés à Cherbourg , & n'y trouvant perfonne qui fut au fait, ni de leur conftruction , ni de leur manœuvre , M. *Meunier* , Ingénieur employé à Cherbourg , quoique très-capable d'être en même-tems bon Artilleur, ne faifit pas fans doute tous les avantages , ni toutes les modifications dont ce fyftême de conftruction étoit fufceptible , il crut que par des changemens qu'il y feroit , il remédieroit aux défauts du tracé des embrâfures , & qu'il obtiendroit beaucoup plus de promptitude dans le fervice du canon. Mes *affûts à aiguille* qu'il avoit fous les yeux, & les *affûts de côte* , fi multipliés , lui firent naître l'idée des changemens qui fe trouvent dans l'affût qu'il a fait exécuter depuis , & les expériences compa-ratives qu'il a faites à Cherbourg, de cet affût , avec l'affût à aiguille de l'île d'Aix , ont pour objet de prouver que le premier a un grand nombre d'avantages que le dernier n'a pas. Les obfervations fui-vantes vont prouver au contraire que ces avantages font dûs à l'affût *à aiguille.*

Mais nous déclarons ici avant tout , que la difcuffion où nous al-lons entrer , n'a pour objet que l'intérêt de la vérité , ainfi que les progrès de l'art : qu'aucun efprit de critique , qu'aucun fentiment d'amour-propre ne nous anime , & que notre plus grand regret eft de n'avoir pas des éloges à donner , fur tout ce qui va faire le fujet de ce Mémoire.

Defcription donnée par M. Meunier , de l'affût qu'il a fait exécuter à Cherbourg, que nous nommerons à double chaffis , relativement au petit chaffis mobile , qu'il a placé intérieurement dans le grand.

<h3 align="center">T E X T E.</h3>

« Nº 1. L'affût dont il s'agit, dit M. Meunier , dans fes expé-
» riences comparatives , a été conftruit pendant l'hiver de 1786 ,
» d'après les ordres de M. le Duc d'Harcourt, & il a été imaginé
» pour remplir deux objets principaux , le premier , *d'augmenter au-*
» *tant qu'il eft poffible , le champ battu par une même pièce dans une*

» *embrâfure , & une cafemate donnée :* le fecond, *de faciliter & d'ac-*
» *célérer la manœuvre du canon le plus qu'il eft poffible* ».

Ces deux objets à remplir dépendant de caufes très-différentes, puifque l'un dépend uniquement de la forme de l'embrâfure , tandis que l'autre dépend de la conftruction de l'affût. Nous les traiterons féparément, & ils feront la divifion naturelle des deux parties de ce Mémoire.

PREMIERE PARTIE.

Le premier objet que M. Meunier prétend avoir rempli par les changemens qu'il a fait dans la compofition des affûts mobiles fur un centre, *eft de pouvoir augmenter le champ du tir horifontal dans une embrâfure donnée.* Nous difons pofitivement à ce fujet qu'il eft dans l'erreur. Qu'il ne fera avec fon affût à double chaffis , que ce qui pourra fe faire avec l'affût à aiguille de l'île d'Aix ; & que par le moyen d'aucun affût , on n'augmentera le champ de tir horifontal. Qu'on ne le peut qu'en changeant la direction de la partie intérieure des joues de l'embrâfure , pour lui donner le tracé de celle que j'ai appellée à plufieurs centres. Nous difons encore, que lorfqu'on voudra employer la méthode des changemens de centre de mouvement des affûts, pour augmenter le champ de tir dans la même ouverture extérieure d'une embrâfure donnée ; fi l'on n'en change entièrement le tracé, cette embrâfure reftera avec tous les défauts de fa conftruction première, fans que les différentes compofitions d'aucun affût puiffe y remédier. Nous difons enfin que le plus grand angle de tir des canons , dépendra toujours des dimenfions obfervées dans la conftruction des cafemates & de leurs embrâfures , de manière qu'elles feront d'autant plus défectueufes qu'elles borneront davantage l'étendue du tir de leur artillerie.

C'eft ce que nous nous propofons de prouver ici dans cette première partie , avant de paffer à la feconde, qui comprendra tous les détails relatifs à la compofition particulière de chacun des affûts *à aiguille* ou *à double chaffis.*

En donnant ma théorie des embrâfures au fecond volume de la *Fortification Perpendiculaire* , publié en 1777 , j'ai fait voir , Pl. XVII, *figures* 1 & 10ᵉ ; ici *fig.* 1 & 2 , Pl. Vᵉ , que l'ouverture extérieure *Q R* reftant la même , l'on n'a *fig.* 1 que trente-cinq degrés de champ de tir, tandis qu'on obient, *fig.* 10, ou ici *fig.* 2, par le tracé d'une embrâfure, que j'ai appellée à plufieurs centres, un champ de tir, de cinquante-fept degrés, fans avoir rien à changer à l'affût. Ces deux *figures* rapportées ici, l'on y voit *fig.* 2, que ce n'eft qu'en brifant les joues aux points *m* & *n*, & leur donnant la direction *m M* & *n N*, parallèle à la ligne de tir oppofée, que cet angle eft devenu, quoique dans la même ouverture, de cinquante-fept degrés, au lieu de trente-cinq ; & l'on voit par le tracé ponctué de la *fig.* 1 C^1. *D, L* & C^2. *D, K*, qu'en changeant cette embrâfure à un centre, en une à plufieurs centres, on obtiendroit une augmentation de champ de tir de neuf degrés, avantage indépendant des différens affûts dont on pourroit fe fervir ; ce n'eft donc bien évidemment, qu'en donnant différens centres de mouvement aux affûts qu'on peut augmenter le champ de tir dans une embrâfure donnée, & non en changeant la conftruction des affûts, ce qui contredit l'affertion ci-deffus.

On voit de même, *fig.* 2, que fi on alloit jufqu'à porter la réunion des différents centres du point *D*, qui donne un angle de cinquante-fept degrés au point *E*, on auroit un champ de tir de quatre-vingt-dix degrés. Mais alors, fuivant le principe fondamental, dont nous parlerons bientôt, du parallélifme des joues avec les lignes du plus grand angle de tir, il faudroit les diriger fuivant les lignes *ROP*, *QST*, alors l'ouverture intérieure *O S*, que nous nommerons *le collet de l'embrâfure*, ne feroit plus que de dix-fept pouces au lieu de trente-trois qu'elle auroit de *H* en *I*, fi la direction des joues n'étoit pas changée.

Cependant M. Meunier s'exprime encore ainfi N° 2 de fon texte :
» Pour remplir, dit-il, le premier objet (d'augmenter le champ de tir),
» le chaffis tournant fur lequel cet affût eft établi, eft armé en avant
» d'une *flèche* faillante d'environ trois pieds, qui entre dans une niche
» pratiquée fous la genouillère de l'embrâfure (dans le mur), où fon
» extrémité eft fixée par une cheville ouvrière de fer, placée verti-
» calement, & dont le centre fe trouve à dix-huit pouces en dehors
» de la face intérieure du revêtement ».

L'addition d'une *flèche* aux affûts, dont parle ici M. Meunier, & qu'il qualifie de *correction*, fe fait également aux affûts *à aiguille*, ainfi qu'aux affûts *à double chaffis*, & ce n'eft point une *correction*, c'eft une *addition* qui complique l'affût, ainsi que nous le ferons voir ; sans contribuer en aucune manière, à augmenter le champ de tir dans une embrâsure donnée : la *Fig. II* va nous servir à le prouver.

Que l'affût à aiguille tel qu'il a été fait à l'île d'Aix sans l'addition d'une flèche, soit fixé par sa cheville ouvrière au point C^1 ou C^2, le champ de tir de cette embrâsure sera de 57 degrés, & lorsqu'on lui aura fait l'addition d'une flèche de 3 pieds ½ de longueur pour avoir sa cheville ouvrière placée au point D de la réunion des différens centres de mouvement, le champ de tir sera encore le même, il n'en deviendra ni plus petit ni plus grand, par ce changement de position de la cheville ouvrière. Il en sera de même de l'affût à double châssis de Cherbourg. L'addition d'une flèche à ces affûts n'opere donc aucun autre effet que celui de pouvoir par un mouvement continu, changer les centres de mouvement de l'affût dans les embrâsures dont le tracé a été fait à plusieurs centres, propriété due au tracé de ces sortes d'embrâsures, & non à la flèche ajoutée à l'affût.

Mais cette addition d'une flèche oblige nécessairement à en faire une autre. Dès que les mouvemens du châssis ne doivent plus se faire autour d'une cheville ouvrière traversant son entre-toise de devant, qui fixoit son point d'appui à son centre de mouvement, il faut y suppléer par un point d'appui mobile. Ce point d'appui dans ma construction, consiste dans une roulette de fonte de fer qui se place au milieu & en avant de l'entre-toise. Ce moyen n'oblige point d'entre-tailler aucune des pièces de bois du devant du châssis. Mais d'après la composition de l'affût de Cherbourg, il n'eût point été possible d'employer un moyen aussi simple ; le talon de la flèche tenant lieu d'entre-toise, se prolonge jusqu'à la cheville ouvrière. De-là cette flèche ne peut être élevée au-dessus du terrein que de deux à trois pouces (voyez les chiffres 7 & 8, aux *figures* 9 & 13, Planche VIe, & aux *figures* 17 & 19, Planche VIIe) ; & de-là est venu la nécessité d'employer deux roulettes à l'affût de Cherbourg, entaillées dans les sous-flasques de huit pouces de profondeur, sur dix à douze pouces dans un autre sens, ce qui n'est pas un petit inconvénient de cette méthode.

Mais enfin il est évident que cette flèche & ces roulettes, de quelque manière qu'elles soient posées, ne peuvent influer sur l'é-

tendue

tendue de l'angle de tir horifontal, dans les embrâfures à plufieurs centres.

Les dix *figures* de ces fortes d'embrâfures, gravées & publiées dans mon ouvrage, depuis plus de douze ans, ont prouvé que de quelque manière qu'on pût placer le centre de mouvement des affûts, foit aux différens points C^1 C^2, &c. foit au point de réunion D des différens centres de mouvement, le plus grand champ de tir fera le même. Il faut donc que cette théorie ait été méconnue ou mal comprife par ceux qui ont dirigé l'exécution des forts de Cherbourg, puifque **M. Meunier** fe perfuade qu'en plaçant la cheville ouvrière des affûts au point de réunion de tous les centres de mouvement, il augmente le champ de tir des embrâfures, & cette erreur eft peut-être la caufe de ce qu'on s'eft fi peu occupé de corriger les grands défauts qui exiftent dans le tracé de toutes les embrâfures de Cherbourg, puifqu'aucune de celles qui ont été exécutées, n'ont les tracés qu'elles devroient avoir. Les remèdes qu'on a cherché à y apporter, chaque fois qu'on a eu à en exécuter dans les forts, bâtis depuis celui du Houmet, n'étant point dans les principes qui doivent faire la bafe de la théorie des embrâfures, il eft néceffaire de les placer ici, pour être entendu dans ce que j'ai à en dire.

Principes généraux pour le tracé des Embrâfures & des Cafemates.

1. Dans toute conftruction d'embrâfure, il ne faut fe découvrir qu'autant qu'il eft néceffaire pour tous les objets que le tir à exécuter dans l'embrâfure, peut avoir à remplir.

2. Il faut donc avant tout déterminer ces objets pour chaque embrâfure, foit en direction horifontale, foit en direction élevée ou inclinée ; d'où il fuit que les tracés doivent être différens, toutes les fois que les objets à remplir le feront ; mais ces différences ne confifteront jamais que dans les ouvertures en largeur ou en hauteur, tandis que la méthode du tracé reftera la même.

3. Les ouvertures des embrâfures en hauteur doivent être telles qu'il faut pour que les pièces puiffent y avoir quatre degrés d'élévation, tant au-deffus de la ligne de niveau de l'ame, qu'au-deffous, en obfervant que la hauteur en élévation de l'embrâfure doit toujours diminuer, à proportion que les objets à frapper feront moins élevés,

& les ouvertures en inclinaifon au-deffous du niveau de l'ame des pièces, doivent fuivre la même loi ; de façon cependant qu'une embrâfure qui fe trouveroit au niveau du terrein ou de la mer, n'ayant aucun angle d'inclinaifon à prendre, devroit n'avoir d'ouverture au plus que pour un angle de trois degrés, puifqu'à trois cent toifes, qui eft la diftance du tir de but en blanc, cet angle donneroit environ cent pieds d'élévation, les hunes des plus gros vaiffeaux n'en ont que quatre-vingt, & qu'il n'eft point d'occafion où l'on puiffe tirer avec fuccès fous un pareil angle ; car alors ce feroit diriger un boulet, comme on dirige une bombe, ce qu'on peut appeller des coups perdus, excepté les cas particuliers où les objets à frapper fur terre, feroient fort élevés. Il fuit de ce principe, que les ouvertures des embrâfures en hauteur, doivent changer relativement à la ligne de niveau de l'axe de l'ame des pièces, autant de fois que les objets que ces pièces auront à frapper, feront plus ou moins élevés par rapport aux pièces.

4. Toute embrâfure doit avoir fes joues parallèles au plus grand angle de tir horifontal qu'on veuille fe procurer dans la même embrâfure. Ce principe eft *fondamental*; il fe trouve exactement obfervé dans les dix-huit figures que j'en ai donné gravées Planches XVII & XVIII, du tome deuxieme de la Fortification Perpendiculaire; & comme l'on n'y peut tirer fous un plus grand angle que celui formé par fes joues, qu'en avançant le point de réunion des différens centres de mouvement qu'on peut donner à l'affût, il fuit que tandis que l'ouverture extérieure refte la même, l'intérieure augmente, puifqu'à ce centre de mouvement il fe forme toujours deux angles oppofés au fommet, la face extérieure du mur faifant la bafe de l'un, tandis que fa face intérieure fait la bafe de l'autre, & l'effet eft le même que la cheville ouvriere, foit en dedans du mur fur le prolongement des lignes de tir oblique, ou qu'elle foit placée à la réunion des centres en faifant aux affûts l'addition d'une flèche. Les *fig*. 1 & 2 ont déja démontré cette vérité, & la *fig*. 3 la rendra encore plus fenfible, comme on le verra bientôt.

Le tracé de ces fortes d'embrâfures, fe détermine donc d'une manière générale dans tous les cas, par deux cercles concentriques autour du point de réunion des centres, l'un ayant pour rayon un pouce de plus que le demi-diamètre du canon au renflement du bourlet, & l'autre un pouce de plus que le demi-diamètre du boulet. Voyez *fig.* 5 & 7, Planche V.

Alors pour tracer les joues de l'embrâfure, il faut tirer celle de fa partie intérieure tangente au grand cercle, & celle de la partie extérieure tangente au petit cercle.

Mais cette théorie offre trois cas différens, qui dépendent de la pofition de la cheville ouvrière. La réunion des centres étant fixément à la même diftance de la face extérieure du mur, nous la fuppoferons toujours à deux pieds de cette face extérieure, que l'épaiffeur du mur foit de quatre pieds, de cinq, de fix, ou plus.

Alors fi la pofition de la cheville ouvriere eft telle, que le milieu du renflement du bourlet près la bouche réponde exactement au-deffus du point de réunion des centres de mouvement, ce qui eft celle qu'il faut toujours lui donner comme étant la plus convenable : dans ce cas les joues extérieures feront tangeantes au petit cercle, & les intérieures tangentes au grand, comme on le voit *fig.* 5 & 7, Planche V, & *fig.* 18, Planche VII.

Si le renflement du bourlet fe trouvoit en avant de la cheville ouvrière, alors les joues extérieures comme les intérieures, feroient également tangeantes au grand cercle, *fig.* 6, Planche V.

Si ce renflement fe trouvoit à deux pieds en arrière de la cheville ouvriere, alors les joues extérieures feroient parallèles au petit cercle, de même qu'une partie des joues intérieures, puifque le renflement du bourlet feroit en arrière. Il fuffiroit dans ce cas que le refte de la joue intérieure, depuis ce bourlet de la pièce, fût tiré tangeant au grand cercle, & c'eft le tracé qui fe voit *fig.* 7; & dans ces différents cas, la forme de l'embrâfure fera la même, foit que la cheville ouvriere fe trouve placée à l'entre-toife du devant de l'affût fans flèche, ou qu'elle le foit à l'extrémité de la flèche.

Ces principes établis, il ne nous refte plus qu'à en faire l'application. La *fig.* 3 repréfente une embrâfure, dont les joues *ab*, *cd*, font entr'elles un angle de vingt-huit degrés, & c'eft celle exécutée à la batterie baffe du fort, fur le rocher du Houmet à Cherbourg, dont on a voulu augmenter l'angle de tir horifontal ; on voit d'abord que pour avoir un angle de tir égal à celui des joues de l'embrâfure, il fuffifoit de placer la cheville ouvrière de l'affût à aiguille, tel qu'il a été fait à l'île d'Aix, au point C; on voit de même qu'en plaçant la cheville ouvrière aux points C^1, C^2 & C^3, on eût pu tirer, si l'ouverture de la lunette dans la casemate eût été faite de manière à ne pas s'y opposer, dans la même ouverture a, c, sous les angles horisontaux de quarante-huit degrés, soixante-un & quatre-vingt-deux, en brisant les joues de l'embrâsure, suivant les lignes n^1, N^1, n^2, N^2, n^3 N^3, comme elles ont été brisées dans l'embrâsure à plusieurs centres *fig.* 2; mais alors seulement les ouvertures de la face intérieure du mur eussent augmenté comme celles marquées N^1, N^2, N^3, & l'ouverture intérieure de l'embrâsure n^1, m^1, que j'ai appellé *son collet*, eût augmenté successivement aussi; de manière que n'étant d'abord que de deux pieds un pouce de n^1 en m^1, pour une ouverture d'angle de quarante-huit dégrés, elle seroit devenue de deux pieds six pouces pour un de soixante-un degrés, & enfin de trois pieds pour un angle de quatre-vingt-deux dégrés & demi, l'ouverture extérieure restant toujours la même.

La moitié de cette même *fig.* 3 est destinée à placer l'affût à double chassis de Cherbourg, supposé avec sa flèche, dont les différentes longueurs doivent croître de manière à recevoir la cheville ouvrière à la réunion des différens centres de mouvement, soit en D, soit en E, soit en F; & l'on voit que par cette méthode il faut disposer les joues du côté intérieur de l'embrâsure, de la même manière qu'elles le font pour l'affût à aiguille sans flèche, fixé aux points C^1, C^2, C^3, & que l'addition d'une flèche n'opère point du tout l'augmentation du champ du tir, ainsi qu'il a déja été prouvé; mais que si l'on vouloit y tirer avec l'affût à double chassis, sous l'angle de 81 degrés, il faudroit une flèche de six pieds & demi de longueur. Il est évident que s'il s'agissoit d'une casemate, qui eût à diriger son feu sur terre contre les batteries d'un assiégeant, comme ce sont des objets fixes, il faudroit préférer la méthode des affûts sans flèche, les centres une fois fixés à l'un des points C^1, C^2, &c. y seroient à demeure. Mais ayant à tirer sur les objets mobiles que la mer offre, il faut de deux choses l'une; ou que les embrâsures soient disposées de manière à ce que leur ouverture extérieure permette d'avoir un grand champ de tir sans changer de centre, telles qu'elles ont été faites au fort de l'île d'Aix, & telles qu'elles se voient ici *fig.* 4, ou que les embrâsures soient tracées à plusieurs centres, puisqu'alors en ajoutant une flèche à l'affût ou de l'île d'Aix ou de Cherbourg, on pourra avoir un grand champ de tir en changeant les centres par un mouvement continu.

Mais de tels changemens ne doivent point se faire ainsi dans des murs aussi épais qu'ils ont été faits sans nécessité aux différens forts de Cherbourg ; l'on doit avant tout en démolir une partie, en avançant les genouillières jusqu'à la distance de quatre pieds de la face extérieure des murs, alors il est facile d'y pratiquer des embrâsures à un centre, ainsi qu'on le voit *fig.* 4, de soixante-douze & soixante-seize degrés de champ de tir, qui n'auront encore que huit pieds d'ouverture extérieure, ouverture égale à celle des batteries haute & basse du fort royal de Cherbourg, qui ont également huit pieds. Mais comme des ouvertures extérieures plus petites s'exécutent en maçonnerie plus facilement & avec moins de dépense, il conviendra toujours mieux de se décider, ayant à tirer sur la mer, à y construire des embrâsures à plusieurs centres, dont les affûts auront les flèches plus courtes, si l'on a l'attention de toujours faire des baies dans les murs qui les réduisent à quatre pieds d'épaisseur, alors l'on aura une embrâsure telle qu'on la voit *fig.* 5.

La *fig.* 5 *bis*, ainsi que la *fig.* 3 *bis*, ayant les mêmes embrâsures que les *fig.* 5 & 3, représentent en entier l'une comme l'autre la casemate de la batterie avancée du fort du Houmet. L'on y voit, *fig.* 5 *bis*, une baie dans le mur *OMNP*, ainsi qu'à la *fig.* 5, qu'il eût fallu y faire pour le réduire à quatre pieds d'épaisseur à l'endroit de l'embrâsure, & cette baie a la largeur nécessaire pour donner lieu à l'étendue de son champ de tir ; mais ayant observé dans son tracé la loi fondamentale observée dans les tracés ci-dessus, nᵒˢ 1, 2, 3 & 4, de donner aux joues des embrâsures une direction parallèle au plus grand angle de tir, ses joues ont eu la direction que l'on voit ici suivant les lettres *a L N* & *c I M*; & l'on voit que par le même principe on a ajouté à l'embrâsure, *fig.* 3 & 3 *bis*, les parties *a L*, *c I*, ponctuée foiblement, pour rendre aussi ses joues parallèles au plus grand angle de tir, & les très-petites ouvertures *I L* de dix-huit pouces seulement que l'on obtient au *collet* de l'embrâsure, en se conformant à ce principe, en prouvent l'importance, &

combien ceux qui ne le fuivent pas, ont peu de connoiffances dans ce genre. Nous allons en donner un autre exemple.

Après avoir démontré que ce ne peut être que par un changement dans le tracé d'une embrâfure donnée , qu'on peut augmenter fon champ de tir horifontal , il convient de parler des changemens qui peuvent être néceffaires dans la pofition & grandeur des poternes ou lunettes pratiquées dans les pieds droits des voûtes pour le paffage d'une cafemate dans une autre , puifque inutilement donneroit-on aux embrâfures le meilleur tracé , il faut que l'emplacement des lunettes y foit relatif , fans quoi on n'obtient rien ; & c'eft furquoi l'on s'eft encore beaucoup trompé en conftruifant les cafemates de Cherbourg.

La *figure 3 bis* fait voir que les lunettes HI & QR, pratiquées dans les pieds-droits des voûtes GK & PS, ne permettent que quarante-huit dégrés de tir oblique , quelqu'ouverture qu'on eut donné à l'embrâfure , puifque l'affût , dans fon recul , doit avoir fon paffage libre , & la moitié de cet affût ayant dix-huit pouces de largeur , il faut néceffairement que la ligne du plus grand angle de tir paffe à cette diftance des points H & Q. L'on voit en même temps que quand le chaffis de l'affût à aiguille ne feroit pas réduit à trois pieds de largeur, comme celui de Cherbourg , & qu'il auroit confervé toute la largeur qui lui a été donnée à l'île d'Aix, il auroit pu donner le même angle de tir oblique ; & l'on voit de même que celui de l'île d'Aix à chaffis court , eft bien moins embarraffant dans une cafemate que le chaffis long de Cherbourg qui ferme prefqu'entiérement la lunette QR.

Dans cette même figure on voit encore , que pour tirer avec un angle oblique de foixante un degrés , il eût fallu que la lunette fût ouverte du point I, jufqu'au point hh ; & qu'enfin, pour tirer fous l'angle de quatre-vingt-deux degrés , il faudroit qu'elle fût ouverte de I en h ; d'où il fuit , que la pofition & grandeur de ces lunettes , doit néceffairement être combiné avec l'étendue du tir oblique , & il paroît qu'on n'a point connu du tout à Cherbourg ces loix de conftruction indifpenfables dans l'exécution des cafemates. On a un peu rectifié ce défaut dans la cafemate de la batterie baſſe du Fort-Royal , la lunette *I H* , *fig. 3 bis* ; qui n'a que trois pieds ſix pouces d'ouverture au Fort du Houmet , en a trois de largeur de plus , auſſi permet-elle un tir oblique qui pourroit aller juſqu'à ſoixante-onze degrés , & nous faiſons voir par la *fig. 5 bis* , que cette lunette placée de *I* en *h* donneroit ſoixante-treize degrés de tir oblique , la partie du pied-droit marqué *I i* , fait voir ce qu'il faudroit lui ajouter de ce côté , & la partie marquée *H h* , fait voir ce qu'il faudroit en ſupprimer. D'où l'on voit combien ces conſtructions ſont mal combinées.

Mais les autres embrâſures exécutées à Cherbourg , dont il nous reſte à donner le tracé , d'après des plans exacts , vont faire connoître tous les déſavantages qui réſultent d'avoir ignoré les principes qu'on doit ſuivre dans de ſemblables conſtructions. Qu'on ne prétende pas atténuer nos raiſonnemens ſur ces embrâſures , en ſuppoſant quelque manque d'exactitude dans les proportions de nos plans , parce qu'en établiſſant comme il faudroit qu'elles fuſſent ſur des principes certains ; alors de quelque manière qu'elles ſoient , ſi elles ne ſont pas ſemblables , il ſera toujours également vrai qu'elles ſeront défectueuſes plus ou moins , ſuivant qu'elles s'écartent des tracés que nous leur donnons ici. Mais nous croyons être ſûrs de l'exactitude des plans.

Le Fort - Royal.

La batterie avancéee , ou environnante , exécutée à ce fort dans des murs qu'on a fait de ſept pieds d'épaiſſeur au niveau du terrein , quoiqu'ils n'en aient que quatorze de hauteur , depuis ce même niveau (1) , nous donne des embrâſures dont le tracé ſembleroit avoir été fait dans le deſſein de ſe rectifier , & d'éviter les défauts du peu d'étendue du champ de tir des embrâſures de la batterie baſſe du fort du Houmet , car les joues de cette derniere ne formoient entre elles , comme on l'a vu , qu'un angle horiſontal de vingt-huit degrés , & celles-ci en font un de quarante-ſept degrés , *fig.* 8 , Planche VI , avec des ouvertures extérieures de huit pieds d'étendue horiſontale ;

---

(1) Ne pourroit-on pas demander ici pourquoi donner ſept pieds d'épaiſſeur au niveau du terrein à des murs qui n'ont que quatorze pieds de hauteur ?

mais voulant augmenter encore le champ de tir, comme on l'avoit fait aux embrâfures baffes du fort du Houmet, on a fuivi la même méthode. On a ajouté une flèche à l'affût à double chaffis *A*, pour fe donner dans la même ouverture un champ de tir de foixante-deux degrés ; la *fig.* 8 , donne le plan de cette embrâfure ; la *fig.* 9 , fa coupe ; la *fig.* 10 , la repréfente vue de face en dehors, le canon étant hors de batterie, les canonniers occupés à le charger ; & la *fig.* 11 , repréfente la même vue de face, le canon en batterie, les canonniers le pointant pour tirer. Les quatre autres *fig.* 12 , 13 , 14 & 15 , fur la même feuille, font les plans coupés & élévation extérieure de la même embrâfure, armée d'un affût à aiguille, marqué *B* , avec l'addition d'une flèche, mais conf-truites dans les principes auxquels on eût dû fe conformer fuivant nos méthodes. Ces huit figures font voir à quel point on s'égare, lorfqu'on veut fe rectifier fans en connoître les moyens, c'eft alors qu'on fait pis. On a vu que les embrâfures de la batterie baffe du fort du Houmet, qui ont paru fi défectueufes, avec des change-mens peu confidérables, à faire feulement dans fon intérieure, pou-voient donner un champ de tir de plus de quatre-vingt degrés, quoi-qu'elles n'aient que quatre pieds environ d'ouverture extérieure, ce qui n'eft que la moitié de celles dont il s'agit actuellement, tandis que celle-ci, malgré cette très-grande largeur de huit pieds, par la pofi-tion qu'on a donné à la cheville ouvrière de l'affût en *C* , *fig.* 8 , ne donne que foixante-deux dégrés de champ de tir horifontal. Nous fai-fons voir dans cette même figure, qu'en plaçant la cheville ouvrière de notre affût à aiguille *B* fans flèche, un peu au-deffus du point *C* , où celle de l'affût à flèche fe trouve placée, nous obtenons un champ de tir de foixante-onze degrés, ce qui fert de nouvelle preuve que l'addition d'une flèche eft inutile, & qu'on peut toujours, fans avoir recours à ce moyen, obtenir le même angle de tir dès que l'ouverture extérieure eft la même.

Mais un défaut de cette embrâfure qui ne peut être compenfé par rien, c'eft d'avoir cinq pieds cinq pouces de hauteur, fur la lar-geur de huit pieds, *figures 9, 10 & 11* , de manière que des canon-niers font mieux couverts par une batterie à merlon ordinaire, puifque les joues de celles-ci, & leur voûte fupérieure forment des plans

inclinés

(25)

inclinés en entonnoir ; qui réuniffent les balles & les boulets au milieu de l'ouverture intérieure, celles même qui euffent paffé par-
deffus font arrêtées, & renvoyées dans l'intérieur de l'embrâfure,
par la voûte inclinée du plafond.

Des défauts de cette conféquence font voir que ceux qui dirigent
les travaux des forts de Cherbourg, n'ont aucune idée de ce qu'il
conviendroit de faire. Je donne ici *fig.* 12, 13, 14 & 15, le tracé
de l'embrâfure de la maniere qu'elle auroit dû être faite, & dont elle
pourroit être réparée, en ne lui donnant que trois pieds fept pouces
d'ouverture horifontale extérieure, & un pied neuf pouces de hauteur.
Les parties de maçonnerie à ajouter ont été ponctuées foiblement ;
& ces embrâfures préfentées de face en élévation, *fig.* 14 & 15,
font voir combien on feroit parfaitement couvert par cette méthode,
en confervant cependant les foixante-deux degrés de champ de tir,
que donnent les huit pieds d'ouverture; *fig.* 12. Il n'y a perfonne
en voyant ces deffins, qui ne convienne que dans les embrâfures
exécutées, les canonniers y font expofés au point d'être fur le champ
hors d'état de fervir leurs pièces ; tandis que de l'autre manière,
il eft prefque impoffible qu'ils foient atteints, ni par le canon, ni
par la moufqueterie ; cependant l'une fait le même effet que l'autre. Combien donc fe tient-on encore éloigné des connoiffances
qu'on pourroit avoir dans cet art confervateur fi important à l'État,
fi intéreffant pour l'humanité ! La vie des hommes n'eft-elle pas le
premier des foins qu'on doit prendre ? On a peine à comprendre comment on peut fe refufer à acquérir des connoiffances, dont on peut
retirer des fruits fi précieux, & qui font confignées dans un ouvrage
publié depuis nombre d'années.

Batterie haute du Fort-Royal.

Les embrâfures de cette batterie différent encore de celles exécutées à la cafemate avancée de ce même fort, dont nous venons de
rendre compte ; & il femble qu'on ait voulu fe rectifier une feconde
fois, en conftruifant ces dernières, puifque les joues forment entr'elles un angle de foixante degrés au lieu de quarante-fept. Voyez

D

fig. 16 , Planche VII. On leur a cependant confervé la même ouverture extérieure de huit pieds , fur cinq pieds cinq pouces de haut , *fig.* 17, comme aux précédentes. De cette façon , on voit , qu'ayant d'a-bord donné aux joues des embrâfures du fort du Houmet, bâti le premier , vingt-huit degrés d'ouverture , on a donné quarante-fept degrés à celles de la batterie baffe du Fort-Royal , & enfin foixante à fa batterie haute ; fi cette dernière eft bien , pourquoi les deux au-tres ne font-elles pas de même ? Mais on n'a pas feulement cette confolation , de pouvoir dire qu'on foit encore parvenu ici à leur donner une bonne conftruction. Leurs défauts font encore énormes, & entraînent les plus grandes conféquences.

Voici les principaux reproches qu'on a à faire à cette embrâfure. Pourquoi ne faire faire à fes joues qu'un angle de foixante degrés, voulant avoir un champ de tir de foixante-quinze degrés , par la pofi-tion qu'on a donné à la cheville ouvrière ; pourquoi ne pas donner le même angle aux joues ? L'ouverture intérieure , ou fon *collet*, n'eût été que d'un pied neuf pouces de largeur , tandis qu'il eft de deux pieds neuf pouces, *fig.* 16. On s'eft ainfi découvert fans néceffité , contre ce que prefcrit le premier principe. Ce n'eft donc qu'en fe conformant au quatrième principe , de faire les joues parallèles au plus grand angle de tir , (comme ce qui eft foiblement ponctué dans cette figure le démontre), qu'on obtient d'être couvert en de-dans d'une embrâfure. Ceci fournit donc encore une nouvelle preuve que ces différents principes ont été inconnus ; car on s'eft également découvert fans néceffité , en faifant faire aux lignes , terminant le bas & le haut de ces embrâfures, un angle de vingt-cinq degrés, ce qui leur donne une ouverture extérieure de cinq pieds cinq pouces, *fig.* 17, tandis qu'elle eût dû être réduite à un pied neuf pouces, *fig.* 19 , pour avoir un champ de tir vertical de quatre degrés , quantité que nous avons démontré ci-deffus être plus que fuffifante , pour remplir tous les objets qui peuvent fe préfenter fur mer.

L'on voit donc que le plan de l'embrâfure , telle qu'elle a été conftruite, repréfenté ici, *fig.* 16 , n'étoit point du tout celui qu'il convenoit de fuivre ; on avoit donné à ces murs une épaiffeur qu'on pourroit appeller ridicule, puifqu'elle étoit de fept pieds , il convenoit premièrement d'y faire une baie de trois pieds de profondeur au lieu de celle de quinze pouces qu'on y a faite, pour avoir la genouillère des embrâsures, à quatre pieds de la face extérieure; ainsi que nous l'avons déja indiqué; de cette façon, l'affût eût occupé deux pieds de moins dans la casemate. Alors on eût pu avoir suivant les lettres *a, b, c, d, e, f, fig.* 18, un champ de tir de soixante-quinze degrés, comme on l'a suivant le plan, *fig.* 16, qui est celui exécuté; mais l'ouverture extérieure n'eût été que de quatre pieds deux pouces, moitié de celle qui existe *fig.* 16. En suivant le tracé indiqué par les lettres *a, b, c, d, e, f,* on eut réduit de même son ouverture en hauteur à un pied neuf pouces, telle qu'elle est, *fig.* 19, au lieu de cinq pieds cinq pouces qu'elle a effectivement, *fig.* 17; de même encore l'ouverture intérieure ou le *collet* de deux pieds neuf pouces, *fig.* 16, eût été de dix-huit pouces, de *c* en *d,* ainsi qu'on le voit, *fig.* 18. Nous devons ajouter encore, qu'avec ces grands entonnoirs, lorsque la bouche des canons est tenue en arrière, de plus du double de ce qu'elle devroit être, & qu'elle ne l'est, *fig.* 18, toute la fumée rentre dans les casemates, lorsque le vent est opposé; alors son abondance, ne peut manquer d'empêcher les canonniers, pendant quelque tems à chaque coup, de distinguer les objets, & de pouvoir continuer leur feu.

Ces seules observations suffiroient pour prouver qu'on n'a aucuns principes constans pour toutes ces importantes constructions; mais ce qu'il nous reste à dire sur le même sujet, en fournira d'autres preuves non moins convaincantes.

Nous offrons pour cet effet, sur la Planche VIII, *fig.* 1, un plan du Fort-Royal, & *fig.* 2, une coupe de ce plan, sur la ligne *A B.* Ce fort est à double enceinte casematée; il est, avec le fort du Houmet, destiné à défendre la même rade, mais le premier ne la défend plus du tour, il est devenu inutile, depuis qu'on a fermé la passe du milieu de la digue; passe qu'on avoit supposé qu'il défendroit, quoiqu'il en fut à plus de neuf cent toises; le second défend très-mal celle de l'île **Pelée,** pour lequel il est fait, puisqu'il ne peut opposer que vingt-six coups de canons par décharge de ses batteries casematées, aux vaisseaux qui se présenteront à pleine voile pour y entrer. Cette passe ayant cinq cent quinze toises de largeur, vingt-fix coups de canons, à cette diftance ; ne peuvent rien fur des vaiffeaux paffant avec vîteffe , & l'on voit fur le plan , par la ligne qui y marque, où aboutit la direction des cônes , que l'inftant d'a-près ils fe trouveront vis-à-vis la partie du fort marquée *a* & *b* où règnent fes plattes-formes découvertes. Ils y balaieront tout ce qui pourroit s'y préfenter , & de ce moment ils feront les maîtres de tout l'intérieur de la rade.

Quoiqu'il en foit , ces forts font les premiers , que Meffieurs les Officiers du Génie aient conftruit avec des cafemates. C'eft cependant une idée qu'ils prétendent leur être propre , à laquelle ils foutiennent que mon ouvrage n'a eu aucune part. A la vérité , il n'y a point d'impoffibilité abfolue, à fuppofer qu'ils n'en avoient aucune connoiffance ; mais il n'y en a pas moins mille contre un à parier, que M. de Caux , Directeur des Fortifications , chargé en chef de la conftruction des forts deftinés à défendre la rade de Cherbourg , a eu chez lui ce Traité dès qu'il a paru. Toujours eft-il certain qu'il a ouï dire que mon nouveau fyftême étoit compofé de cafemates. Il n'a pu ignorer non plus que c'étoit un fort cafematé que j'avois fait exécuter à l'île d'Aix ; puifque M. de *Carpithet* , Bri-gadier dans le Corps du Génie, que j'avois fous mes ordres à l'île d'Aix , a pris des copies de mes plans , & les a envoyés à M. de Fourcroy , dès le commencement des travaux du fort , & que ces mêmes plans ont été joint au Mémoire que M. de Fourcroy a remis à M. le Prince de Montbarey , en Décembre 1779. Ainfi cette Mé-thode étoit parfaitement connue , & connue fi avantageufement , par le fuccès de l'expérience qui en avoit été faite le 7 d'Octobre 1781, que ces Meffieurs fe font hâtés de l'employer à Cherbourg , dans tous les forts qu'ils ont eu à conftruire.

Mais ils fe font facilement perfuadés qu'ils n'avoient aucun befoin de l'étudier pour la connoître. Des cafemates ont réuffi à l'île d'Aix ! Hé bien (ont-ils dit), nous allons conftruire des cafemates ; & fans faire attention à ce que le local doit apporter de différence dans les formes, fans prendre connoiffance d'aucune des proportions que j'a-vois fixé comme étant les plus avantageufes. Ils ont vu fur mes plans un fort intérieur , avec une enceinte environnante , & ils n'ont pas manqué de faire de même un fort intérieur & une enceinte environnante dans l'île Pelée ; ils en ont fait de même pour le fort d'Artois ou du Houmet , apparamment qu'il en fera de même encore du fort de Querqueville, dont la conſtruction eſt commencée. Ils n'ont point fait attention que l'emplacement à l'île d'Aix , étoit beaucoup plus grand que celui des rochers ſur leſquels ils avoient à bâtir, & que l'eſpace étant ici beaucoup plus petit , ils perdroient une partie de leur effet, par le reſſerrement de leur enveloppe intérieure.

J'avois à l'île d'Aix des données auxquelles il falloit m'aſſujettir. Il falloit que le nouveau fort vint ſe r'accorder avec les angles flanquées de l'ouvrage à corne, qui formoit le front de l'ancien fort du côté de l'intérieur de l'île, ainſi que nous l'avons dit ci-deſſus. Voyez Planche I, ce qui me donnoit une baſe de cent ſoixante toiſes d'étendue, laquelle étant priſe pour le diamètre de la demi-circonférence du cercle que le terrein occupoit, eut donné un fort à conſtruire de quatre-vingt toiſes de rayon. Il n'étoit ni néceſſaire, ni poſſible d'en élever un de cette étendue ; auſſi voit-on par les plans exprimés ſur les Planches nᵒˢ X & XI du Supplément au Vᵉ volume, & par la Planche I, jointe ici, que l'enceinte extérieure environnante n'a été imaginée que pour remplir l'objet, d'occuper tout le terrein, tandis que le fort caſematé, marqué *a*, placé au milieu, a été réduit au plus petit eſpace poſſible, dans la vue d'en diminuer la dépenſe.

Mais nous allons faire voir que cette réduction n'en a pas diminué l'effet, en le comparant à celui du Fort-Royal de Cherbourg.

Le fort caſematé de l'île d'Aix n'a qu'une ſurface égale à celle d'un cercle de quatorze toiſes de rayon. Elle eſt d'environ ſix cent toiſes quarrées, ſa forme mixtiligne, eſt compoſée de lignes droites & de portions de cercles, pour tenir lieu des angles de la figure, les angles devant être exclus de toutes conſtructions ſemblables ; ce fort peut cependant être armé dans ſes deux étages caſematés de cent pièces de canons, ce qui fait avec les dix-huit pièces ſur ſa troiſième batterie, cent dix-huit pièces de canons dans le ſeul fort ; ſon enceinte environnante en contient quarante-ſix couvertes du feu plongeant des hunes des vaiſſeaux, par la conſtruction nouvelle & particulière de ſes embrâſures, comme nous l'avons démontré ci-deſſus. Enfin la tenaille ángulaire pour la défenſe du front du côté de la terre , marqué S^1, S^2, S^3, S^4, Planche **I** , en contenant ſeize , & la demi-lune U trois, cela fait en total cent quatre-vingt-trois canons dans des batteries cou-vertes, dont ce fort peut être armé.

Tandis que le fort intérieur de Cherbourg , dont le toiſé de ſa ſurface eſt d'environ mil trois cent toiſes quarrées, ne peut être armé ſous des caſemates que de vingt pièces , au lieu de ſoixante-ſix que contient le fort de l'île d'Aix ; & comme ſa batterie environnante n'en peut contenir que vingt-cinq caſematés , il ſuit que les deux en-ceintes de ce fort ne peuvent être armées que de quarante - cinq pièces couvertes.

On peut juger maintenant des avantages de celui de l'île d'Aix, ſur celui de Cherbourg. Les défauts de ce dernier viennent de pluſieurs cauſes.

1°. Dans un auſſi petit emplacement il falloit embraſſer tout le terrein par une ſeule enceinte caſematée , dans laquelle on eût pu avoir trois étages de batteries ſous la même voûte , ſans donner aux murs d'enceinte plus de hauteur que ceux donnés au fort inté-rieur actuellement exécuté. On voit , *fig.* 3 , ſur la même Planche **VIII** , la forme qu'on eût pu donner à l'enceinte de ce fort, & la *fig.* 4 en repréſente la coupe. Dans un pareil eſpace , on ne peut placer deux enceintes, ſans augmenter conſidérablement la dépenſe, & diminuer beaucoup l'effet, c'eſt ce que la comparaiſon des deux forts prouvera évidemment.

On voit d'abord que la totalité du fort, *fig.* 3 , eſt moins étendu que celui *fig.* 1 , puiſque le tracé de ce dernier le dépaſſe dans plu-ſieurs parties ; on s'eſt aſſujetti au même rayon pour celui n° 3 , ainſi qu'au même centre que celui donné à l'enceinte extérieure du fort n° 1 , & la courbe décrite de ce rayon , a la même ouverture d'an-gle de cent vingt degrés. Le reſte de la *figure* n° 3 , eſt terminée par des courbes d'un moindre rayon , & l'enſemble a produit une forme d'autant plus avantageuſe , que les rayons des différentes courbes ſont plus grands ; principes dont il ne faut pas s'écarter, hors les cas de l'impoſſibilité de faire autrement.

Cette enceinte du fort n° 3 , contient trente-trois arcades voûtées,
à trois pièces de canon chacune, & neuf arcades feulement à deux
pièces, ce qui fait cent dix-fept pièces par étages, il s'y trouve trois
étages fous voutes, comme on le voit au profil n° 4 , ce qui donneroit trois cent cinquante-une pièces de canons cafematées, au lieu
de quarante-cinq feulement qui peuvent être placées dans le fort n° 1 ,
quoique ce dernier ait la voûte de fon enceinte intérieure d'un pied
plus élevée que celle du n° 3 , c'eft ce que prouvent les deux profils
deux &. quatre ; & ce qui eft rendu encore bien plus fenfible par les
élévations *fig.* 5 & 6 , qui comprennent trois arcades cafematées de
chacun de ces forts, l'on y voit que celui exécuté ne peut contenir
dans fes deux batteries que onze pièces cafematées avec trois à barbette
fur fa platte - forme ; tandis que celle du fort n° 3 en contiendroit
vingt-fept cafematées, & neuf couvertes du feu des hunes , par la hauteur du mur dans lequel font pratiquées leurs embrâfures ; ainfi c'eft dans
le même efpace en étendue & dans moins d'élévation , que l'on a
trente-fix pièces de canons , au lieu de quatorze que donne le fort
exécuté.

Mais l'avantage des deux conftructions eft bien plus grand encore,
puifque les deux plans démontrent que par le rapprochement des
canons & le plus grand rayon de l'enceinte du fort n° 3 , il fuit que
fept travées deux tiers , contenant quatre-vingt-douze pièces, peuvent
diriger leur artillerie fur le même point , fuppofé à cent cinquante
toifes de diftance , tandis que le fort exécuté ici n° 1 , ne peut
diriger fur ce même point placé à la même diftance que onze pièces
de la batterie avancée, & dix de la batterie intérieure , lefquelles jointes aux trois fuppofées fur la platte-forme où elles font à barbette ,
fait en tout les vingt - quatre pièces marquées fur le plan , au lieu de
quatre - vingt - douze. C'eft ainfi que les défavantages fe multiplient
quand on ne les a ni prévus ni calculés , car on voit encore que ce
fort n° 1 , ne peut donner que fix coups & trois coups , dans les
parties où règnent fes plattes-formes découvertes , marquées *a* & *b* ,
tandis que celui *fig.* 3 en peut donner quatre - vingt, quatre - vingt-
douze & quatre-vingt-feize dans tous les différens points de fon enceinte ; de façon que les vaiffeaux qui entreprendroient de forcer la

paſſe devant ce fort, auroient quatre fois plus de feu à eſſuyer, &
comme il n'offre aucune partie découverte dans ſon enceinte, les
vaiſſeaux ennemis feroient ſous la puiſſance du même feu, étant par-
venus dans l'intérieur de la rade, & cette ſeule différence dans les
forts, ſuffiroit pour entreprendre devant l'un, ce qu'il feroit impoſſible de tenter devant l'autre; tels font les inconvéniens majeurs, de
n'avoir pas fait dans cette occaſion ce qu'on auroit dû faire.

L'on voit de plus que l'eſpace intérieur du fort n° 4, eſt ſpacieux
& entièrement libre, les manœuvres y font faciles, tandis que l'intérieur de celui exécuté, eſt entièrement rempli par cet énorme
bâtiment caſematé, deſtiné ſeulement à contenir vingt pièces de canon; & puis quelle raiſon a pu déterminer la forme extraordinaire
qu'on lui à donné? Un ouvrage à cornes dans l'intérieur de ce fort
eſt certainement une belle invention ! c'eſt fans doute pour ne pas
perdre l'habitude de faire des eſpèces de baſtions : mais ceux qui
pourront ne pas reſpecter autant cette merveilleuſe & antique forme
baſtionnée, demanderont à quel uſage on entend faire ſervir ces
petits flancs ménagés avec tant de ſoin, percés de deux ou trois
crenaux? ce n'eſt pas pour défendre le paſſage du foſſé pratiqué dans
l'intérieur de ce fort ? A-t-on pu penſer que l'ennemi avanceroit ſes
ſapes dans la mer, de même qu'il le fait ſur terre, & qu'il viendroit enſuite ſe loger ſur la première enceinte de ce fort, pour y
établir ſes batteries & faire brêche aux faces des demi-baſtions? Mais
ſi jamais cette opération s'exécutoit, par l'effet de quelque puiſſance
magique, le ſorcier qui l'auroit conduite, feroit apparemment aſſez
aviſé pour établir ſes batteries vis-à-vis toutes les autres parties extérieures de l'enceinte, qui ne ſont flanquées par rien. Ainſi ces flancs
feront éternellement auſſi inutiles que le foſſé qu'on a pratiqué tout-
autour du fort intérieur. Il ne s'y trouve ſans doute, que par le même
effet de l'habitude de faire des foſſés à toutes les places de guerre,
entre la première enceinte & le corps de la place; car ici ce foſſé,
quoiqu'il ne ſoit défendu par rien, ne ſera jamais franchi qu'après
que les deux enceintes auroient été abattues par un feu de vaiſſeaux
ſupérieur à celui d'un fort qui ne peut en oppoſer qu'un peu conſidérable. Mais alors ce foſſé ſe trouveroit comblé par l'éboulement de

l'enceinte

l'enceinte. Dès qu'il ne peut être d'aucune utilité, on doit d'autant plus regretter l'augmentation de dépense qu'il a occasionné en donnant une plus grande hauteur aux murs, & donnant lieu à la construction d'une contrefcarpe, qu'on eût évité par une compofition mieux réfléchie ; mais elle l'a été fi peu, qu'on ne s'eft pas conformé au plus important principe de l'art, celui de fe couvrir des feux de revers ; on y eft vu à dos, fur toute la platte-forme de l'ouvrage à cornes & de fes branches marquées *a*, *fig.* 1, & l'on eft vu de même dans la batterie haute du fort intérieur qui ne règne que fur le tiers environ de l'enceinte de ce fort, comme on le voit *fig.* 2 ; on pourroit encore moins tenir fur la platte-forme de l'enceinte avancée aux endroits marqués *b*, *b*, *fig.* 1, elle ne s'élève pas de plus de douze pieds au-deffus du niveau de la mer, de façon que les feux des batteries hautes des vaiffeaux, & à plus forte raifon ceux des hunes plongent toutes fes platte-formes & voient à dos l'intérieur de arcades de la batterie haute du fort intérieur. Il eft évident que ces fortes de forts exigent des enceintes tenues à la même hauteur dans tout leur pourtour, afin d'être également couverts dans toutes les parties intérieures ; mais c'eft à quoi on n'a fait ici aucune attention.

Enfin ce fort avec tous les défavantages que lui donne la forme de fes enceintes & les différentes hauteurs de fes profils, ne préfente de tous côtés qu'une furabondance de maçonnerie qui ne peut être juftifiée par aucun motif d'utilité ; les feuls entrepreneurs pourront applaudir des conftruétions auffi maffives, puifqu'ils avoient un marché tellement avantageux pour les deux forts dont il s'agit, qu'ayant obtenu le même pour la conftruétion du fort de Querqueville, on en a trouvé la léfion, fi confidérable pour le Roi, qu'on les a obligé de réfilier leur marché, & que la nouvelle compagnie pour l'adjudication du même fort, s'eft obligée à l'achever avec un rabais de 1,514,517 livres, fur le total d'un devis qui devoit monter, fuivant les prix des premiers entrepreneurs, à 4,484,516 livres ; c'eft ce qui eft prouvé par le Mémoire que M. le Duc de Beuvron a fait imprimer pour juftifier la réfiliation qu'il a fait faire.

Quelle quantité de reproches n'y a-t-il donc pas faire à ceux qui

E

approuvent & font exécuter de pareils travaux ! Si des forts dont la défenfe peut devenir entièrement nulle , par l'effet des feux de revers , & qui n'eft pas même le quart de celle qu'elle pourroit être, ont coûté trois & quatre fois plus qu'ils n'auroient dû coûter , tant par la prodigalité de la maçonnerie , que par le prix exorbitant des ouvrages.

De tout ce qui précède on doit conclure qu'il n'eft point de petites fautes dans de femblables opérations , toutes entraînent les plus fâcheufes conféquences. Les dépenfes deviennent exceffives dans ces fortes de cas ; parce qu'on ne peut les régler , & parvenir à une certaine économie , qu'en fuivant des principes conftants. L'étendue que peut avoir ce Mémoire , ne permet point de donner le détail de toutes les différences qui fe rencontrent dans les différentes proportions obfervées en conftruifant ces forts. Ayant tous le même objet , ils devroient avoir par-tout une entière conformité ; ce font cependant , *différentes épaiffeurs de murs , differens taluds extérieurs ; différentes épaiffeurs de voûtes ; différentes épaiffeurs de pieds droits , différentes longueurs , largeurs & hauteurs dans les cafemates ; des épaiffeurs de murs réduites de plus en moins dans une partie , redeviennent de moins en plus dans une autre , mais toujours* (ainfi que nous l'avons déja obfervé) *une furabondance exceffive de maçonnerie.*

De pareilles différences font d'autant plus inexplicables , que la pratique journalière de tous les arts , a pour bafe des loix qui la dirigent , & qui font les mêmes dans les mêmes circonftances. Ce ne font point ici de vaines imputations , des plans exacts ne démontrent que trop ces très-fâcheufes vérités.

Il fuit donc de ces importantes obfervations , que dans la compofition des cafemates , il faut que tout foit uniforme , que tout tende & foit également favorable aux plus grands effets de l'artillerie , & qu'aucun obftacle de conftruction ne s'y rencontre jamais. Pour remplir cet objet , il faut donc connoître & obferver les principes d'où dépendent ces effets , & ne pas croire les favoir fans les avoir appris. Tel eft le cas où l'on ne peut douter , qu'ont été ceux qui ont dirigé toutes ces conftructions , & il en coûte cher , quand c'eft en pratiquant qu'on fait fon apprentiffage.

Ce que nous venons d'expofer offre fans doute des tableaux bien affligeants , mais quelle eft la mefure des regrets qu'on en doit avoir , fi à tous ceux occafionnés par l'édification de ces forts fi foibles & fi chers , on a , à y ajouter ceux d'un mauvais choix , dans une rade pour laquelle on a jetté tant de millions dans la mer. On ne peut pourtant plus douter aujourd'hui , qu'il n'y en eut un infiniment meilleur à faire , celui de la rade de la *Hougue*.

Voici le petit hiftorique que nous avons fait à ce fujet , dans un Mémoire publié relativement à nos affaires particulières , où nous rendons compte de la commiffion qui nous a été donnée en 1777 , d'aller vifiter les côtes de la Normandie , la Bretagne , le Poitou & la Saintonge. Ce récit , en faifant connoître quelle étoit mon opinion alors fur les deux rades de *Cherbourg* & de la *Hougue* , fervira en même-tems à faire voir que ce même fujet , avoit donné lieu dans le tems à une correfpondance entre M. *de Caux* & moi , d'où il eût dû réfulter une fuite de communications mutuelles , qui eût pu être de quelque utilité. J'y ai fait ce que j'ai pu pour l'entretenir ; mais M. *de Caux* n'a pas jugé à propos de s'y prêter , & il feroit poffible qu'il eût été arrêté par la crainte de n'avoir pas de fon côté , des moyens victorieux à oppofer , à toutes les objections qu'on pouvoit lui faire contre fon projet favori.

J'étois occupé depuis plufieurs années par les ordres des différens Miniftres de la Marine , qui s'étoient fuccédés , à faire des projets pour fortifier nos établiffemens dans l'Inde. J'avois publié en 1776 & 1777 les deux premiers volumes de mon ouvrage fous le titre de *la Fortification Perpendiculaire* , & je m'occupois de ceux qui devoient en faire la fuite , « lorfque (1) M. le Comte de Maurepas me témoi-
» gna défirer d'avoir mon avis , fur ce qu'on pouvoit faire pour la
» défenfe de nos côtes. Sans doute que ce Miniftre prévoyoit déja la
» guerre qui ne devoit pas tarder à fe déclarer. Je partis donc fuivant
» fes intentions , & étant à Cherbourg au mois d'Octobre 1777 , je vis
» M. *de Caux* , Directeur des Fortifications , qui y commandoit. Ce

---

(1) Tout ce qui eft ici avec des guillemets fe trouve dans le Mémoire dont il s'agit,

» Directeur ne manqua pas de m'entretenir des grands deſſeins qu'il
» avoit ſur la rade de Cherbourg, qui devoit s'étendre alors , depuis
» l'île Pelée juſqu'au rocher du Houmet , dans laquelle il prétendoit
» qu'un nombre conſidérable des plus gros vaiſſeaux de guerre , pou-
» voit mouiller en ſûreté , & contre la mer & contre l'ennemi. Je
» ne lui cachai pas , que je ne voyois ni aſſez d'eſpace pour en
» contenir une certaine quantité , ni aſſez de profondeur d'eau , ſui-
» vant les ſondes , pour les vaiſſeaux du premier rang. M. *de Caux*
» me montra de même quelques deſſins relatifs aux forts qu'il pro-
» jettoit de conſtruire ſur l'île Pelée & ſur le rocher du Houmet. Il
» les deſtinoit pour défendre les vaiſſeaux dans la rade, quoique ces
» forts fuſſent à 1,936 toiſes de diſtance les uns des autres. Il me dit
» qu'ils ſeroient CASEMATÉS , PARCE QU'ON NE POUVOIT DÉFENDRE
» DES RADES QUE PAR DES CASEMATES. C'étoit un nouveau principe de
» la part de MM. les Ingénieurs , d'autant plus remarquable , qu'ils
» n'avoient jamais fait conſtruire partout , & de tout tems , que des
» batteries à merlon & à ciel découvert.

» Par le coup-d'œil rapide que je jettai ſur ces deſſins , j'ap-
» perçus en effet des caſemates à-peu-près dans la forme de celles qui
» ſe trouvoient gravées dans les Planches des premiers volumes de
» mon ouvrage , publié alors depuis environ deux ans. Je ne doutai
» pas un moment , que ce ne fût mes nouvelles caſemates. Je remar-
» quai ſeulement que ces forts ne donnoient pas à beaucoup près
» autant de feux qu'ils euſſent pu en donner , en ſuivant plus exacte-
» ment mes méthodes. Je m'en expliquai avec M. *de Caux* , comme
» je l'avois fait relativement au peu d'étendue & de profondeur de la
» rade. Mais quoiqu'il ne défendît ſon opinion que par des raiſonne-
» mens peu convaincants , je n'entrepris point de les combattre ,
» n'étant point autoriſé à le faire. Je partis donc de Cherbourg per-
» ſiſtant dans mon opinion , & M. *de Caux* dans la ſienne. Je conti-
» nuai mon voyage le long de la côte , je fus au cap de la *Hague* ,
» de *Harfleur* , de-là à la *Hougue* , que je viſitai ſoigneuſement. J'y
» pris des renſeignemens des Marins les plus expérimentés de cette
» partie , dont les témoignages s'accordèrent à donner toute préférence
» à cette rade ſur celle de Cherbourg. Je fus enſuite à Grandvillé ,

» à Saint-Malo, à Breſt, à l'Orient, Vannes, Nantes, la Rochelle,
» l'île d'Aix, Rochefort, & de-là je me rendis dans ma terre en
» Angoumois. Je fis ce voyage à mes dépens, & comme je n'en ai
» jamais rien demandé, on croira facilement que je n'en ai jamais
» rien reçu.

» Je ne manquai pas de continuer mes informations, en par-
» courant ces côtes, & dans les ports de Saint-Malo & de Breſt,
» de prendre l'avis des principaux Marins ſur ce qu'ils penſoient des
» deux rades de Cherbourg ou de la Hougue, & tous s'étant réunis
» en faveur de celle de la Hougue, je ne crus pas devoir me dif-
» penſer d'en écrire à M. de Caux, de Breſt le 8 de Novembre
» 1777 ».

Je lui mandai « *Depuis mon départ de* CHERBOURG, *j'ai été à la*
» HOUGUE, *j'ai examiné ſa ſituation & ſa rade, avec le ſoin dont je*
» *puis être capable. J'ai comparé tous les ſentimens des différens habi-*
» *tans des différens ports de Normandie & de Bretagne où j'ai paſſé,*
» *ſur les deux ſituations de Cherbourg & de la Hougue, & j'ai trouvé*
» *une opinion unanime, contre le défaut de rade à Cherbourg pour les*
» *vaiſſeaux de guerre. On exige au moins trente pieds d'eau à marée*
» *baſſe pour ces ſortes de vaiſſeaux, & les trente pieds ne ſe trouvent*
» *qu'en avant des caps, d'où il réſulte qu'ils ne ſeroient aucunement*
» *garantis, ni contre la force de la mer, ni contre les entrepriſes de*
» *l'ennemi.*

» *On vante au contraire ſur toutes les côtes, les avantages de la*
» *rade de la Hougue, on en ſort & l'on y entre de tous vents ; elle*
» *eſt des plus ſpacieuſes. Il s'y trouve quarante-cinq pieds d'eau à baſſe*
» *mer. Voici donc une belle & bonne rade, & je dirai toujours, quand*
» *vous me donnerez une rade je vous donnerai un port. La rade de la*
» *Hougue mérite donc toute préférence.*

» M. de Caux me fit une réponſe le 24 Novembre ſuivant où il
» perſiſtoit dans ſon ſentiment, ſans détruire aucune des objeſtions
» qui lui avoient été faites. Je le lui prouvai par ma ſeconde lettre
» du 22 Décembre, mais il ne crut pas devoir y répondre. Son grand
» projet ſur Cherbourg fut ſoumis à l'examen d'autres perſonnes,
» entr'autres de MM. *de Fourcroy* & *Grognard*, qui furent envoyés

» fur les lieux. Ce projet alors fut fans doute approuvé ; puifque
» même il fut augmenté , en ce qu'on décida de fermer la rade par
» une jettée de 3,600 toifes de longueur, depuis l'île *Pelée* jufqu'au cap
» de *Querqueville*. Ce projet a été exécuté depuis , on fait ce qu'il
» a coûté, le fuccès qu'il a eu , & ce qu'on peut en attendre. Ne
» doit-on pas aujourd'hui former quelques regrets de n'avoir pas fait
» plus d'attention à ces lettres écrites à M. de Caux dès l'année 1777,
» elles font remplies de détails d'une très-grande confidération pour cet
» important objet , & M. le Comte de Maurepas en reçut des copies,
» en même-tems qu'elles furent écrites, ainfi que nous l'avons dit dans
» nos obfervations fur Cherbourg, page 10.

» J'avois rendu un compte exact à ce Miniftre de mes différentes
» obfervations fur toutes les côtes & les ports que j'avois parcouru ;
» il fit fans doute plus d'attention à celles relatives à l'*île d'Aix*, par
» la néceffité des circonftances où l'on fe trouvoit à la veille d'une
» guerre, puifque je reçus bientôt dans ma terre une lettre de M.
» de Sartines, du 9 de Janvier 1778 , par laquelle il me demandoit un
» projet pour fortifier l'*île d'Aix* fuivant mes nouvelles méthodes. Je
» ne le fis pas attendre long-tems , dès le 23 du même mois je fis
» partir un plan général d'un fort en maçonnerie, le plus redoutable
» qui eût jamais été conftruit nulle part , & le Miniftre me fit l'hon-
» neur de me répondre le premier Février, qu'il prendroit les ordres
» du Roi fur mon projet , qui réuniffoit les plus grands avantages.

» Mais il y eut apparemment conflit de jurifdiction fur ce projet,
» qui finit par être décidé appartenir au Département de la Guerre,
» & M. de Sartines ne pouvant plus s'en mêler , il y eut une *ftagnance*
» fur ce projet , qui en en retardant l'exécution , le rendit beaucoup
» plus difficile. Ce ne fut qu'au mois de Février 1779 , que je reçus
» mes ordres de M. le Prince de Montbarrey , pour l'exécution du
» fort que j'ai été chargé de conftruire à l'île d'Aix. Je partis au mois
» de Mars 1779 , & je n'en fuis revenu qu'à la paix en Mars 1783.

» On voit par ce qui précède (dans le Mémoire rapporté ici),
» combien l'exécution de ce projet a reçu d'éloges. Le procès-verbal
» de l'épreuve , & la lettre de M. le Marquis de Voyer à M. le Mar-
» quis de Ségur , prouvent combien ce fort a d'avantages fur tous

» ceux faits jufqu'alors (1) , tandis que la lettre que le Miniftre nous
» a écrite au nom du Roi le 24 Octobre 1781 , ne laiffe aucun
» doute que Sa Majefté n'en ait été très-fatisfaite. Elle eft conçue en
» ces termes.

A Verfailles, le 24 Octobre 1781.

» *J'ai reçu , Monfieur, la lettre que vous m'avez fait l'honneur de*
» *m'écrire , le huit de ce mois , au fujet de l'épreuve qui a été faite*
» *le fept , du fort en bois que le Roi a fait conftruire à l'île d'Aix ,*
» *& dont le travail a été dirigé par vos foins , & fur les plans que vous*
» *en avez formés. Je me fuis empreffé d'en rendre compte à Sa Ma-*
» *jefté ; Elle a vû avec plaifir , que cette épreuve avoit eu* UN SUCCÈS
» COMPLET *, & que malgré le feu confidérable qui eft forti du fort pen-*
» *dant l'efpace de deux heures , il n'a fouffert aucune avarie ni com-*
» *motion préjudiciable ,* ET ELLE M'A CHARGÉ DE VOUS EN MARQUER
» TOUTE SA SATISFACTION.
» *J'ai l'honneur d'être avec un très-parfait attachement ,*

Monfieur , &c.

Signé le Marquis DE SÉGUR.

M. le Marquis de Voyer, dans fa lettre au Miniftre, dit encore:
« *il a été reconnu que cette nouvelle théorie raffemble une plus grande*
» *maffe de feux dans un moindre efpace que le fyftême de Fortification*
» *généralement reçu ,* ET QU'IL EXIGE MOINS DE TROUPES POUR SA
» DÉFENSE.

« Ainfi donc , cette *nouvelle théorie,* due à nos recherches & à
» nos travaux conftans, *réunit plus de feux dans un moindre efpace que*
» *les anciennes , & elle exige moins de troupes pour fa defenfe.* Ne font-
» ce pas là des avantages inapréciables ? Et où fe trouvent-ils réu-
» nis ? Dans un fort élevé en moins de fix mois, en tems de guerre,
» dans une fituation des plus expofées. *Un fort dont les feux couverts*

---

(1) L'un & l'autre fe trouvent à la fin du préfent Mémoire.

» font jugés par tous le Marins préfens à l'épreuve ; *fupérieurs aux* » *feux des efcadres ennemies*, ET CAPABLES DE LES FAIRE TAIRE. Que » M. de Fourcroy, fon continuel détracteur, dife où il en a jamais été » conftruit de capable d'un femblable effet , ni même rien qui en » approche ».

» Qu'il donne donc fon projet pour le même emplacement , à » conftruire dans les mêmes circonftances d'une guerre déclarée, afin » que l'on puiffe comparer fes moyens avec ceux exécutés à l'île d'Aix, & » les juger. Nous lui avons fait cette demande dans la réponfe à fon » Mémoire, remife à M. le Prince de Montbarey, en Janvier 1780 ; » mais il n'a pas jugé à propos alors , ni depuis d'accepter le » défi ».

On voit par ce récit fuccinct, qu'ayant été chargé de l'exécution de mon projet pour l'île d'Aix , je ne fus plus dans la poffibilité de m'occuper de celui relatif à la *rade de la Hougue* , que je penfois devoir être préférée à la *rade de Cherbourg* , fuivant ce que j'en mandai alors à M. de Caux. Mais la paix ayant fait ceffer ma commiffion pour l'île d'Aix, je ne pus réfifter à mon defir de reprendre les matériaux que j'avois raffemblés dans mon voyage fur les côtes , & nommément à Breft , où j'en avois fait une ample collection ; voici quelle en fut l'occafion. Cette petite digreffion aura fon utilité , en ce qu'elle fera connoître en quel état font les batteries qui défendent la rade de Breft.

M. le Comte d'Orvilliers , alors Commandant de la Marine , avoit dans fon cabinet les deux premiers volumes *de la Fortification Perpendiculaire* qui avoient paru alors. Il avoit pris des idées avantageufes de mes connoiffances en ce genre. Il voulut me confulter fur les travaux à faire aux batteries de la rade de Breft. M. d'Ajot , Directeur dans le Corps du Génie , avoit donné fes projets pour fortifier ces batteries du côté de la terre. Il en avoit laiffé les plans & les devis, lorfqu'il avoit changé de département l'année d'auparavant , & M. de Sartines avoit ordonné à M. d'Orvilliers , prévoyant une guerre prochaine , de lui donner fon avis fur les moyens de mettre les bateries de la rade en état d'être défendues du côté de la terre, en cas que l'ennemi pût réuffir à faire quelque defcente fur les côtes voifines.

Les

Les devis de M. d'Ajot faifoient monter très-haut les dépenfes à faire à chacune de ces batteries. M. d'Orvilliers voulut favoir de moi, fi je n'aurois pas dans mes méthodes, quelques moyens moins coûteux. Ce fut dans cette vue qu'il me communiqua fes différens projets. Celui du haut de la montagne, appellé *la Pointe aux Efpagnols*, formoit un ouvrage à couronne fort irrégulier, compofé de deux courtines, un baftion, & deux demi-baftions, d'une très-foible défenfe. Le devis fait par M. d'Ajot, en Septembre 1776, & figné de lui, montoit à 650,240 livres. Voici ce que devoient coûter les projets relatifs aux autres batteries fuivant les devis du même Ingénieur, fignés de même. Le fort de *Plougaftel*, 25,000 livres ; *l'île Ronde*, 18,319 livres ; le fort de *Lanveoc*, 12,000 livres ; *l'île Longue*, 80,605 livres ; la batterie de *Trevarguen*, 52,530 livres ; la batterie de *Cornouailles*, 122,500 livres ; & le fort du *Portzic*, 294,000 liv. Les projets de ces huit forts ou batteries, montoient à 1,255,194 liv. Cette fomme effrayoit M. d'Orvilliers. Je crus pouvoir lui répondre qu'il y auroit beaucoup à en diminuer, en fuivant une autre méthode, au moyen de laquelle ces forts deviendroient même d'une beaucoup meilleure défenfe. Ce fut fur cette affurance qu'il me fit remettre une copie de ces devis, avec le plan du fort projetté, pour *la Pointe aux Efpagnols*, & il m'engagea à faire un Projet pour ce même emplacement avec fon devis, de façon à pouvoir comparer l'un avec l'autre. Mais je ne pus m'en occuper qu'après avoir envoyé à M. de Sartines, le Projet qu'il m'avoit demandé, pour fortifier *l'île d'Aix*, par fa lettre du 9 de Janvier 1778, déja citée. Dès que cet envoi lui fut fait, je m'occupai de faire faire tous les plans, profils & élévations du Projet pour la Pointe aux Efpagnols, leurs devis le furent également, & ils ne fe trouvèrent monter qu'à la fomme de 164,876 livres. Ces devis, en y ajoutant les plombs, les fers, les bois & pavés que M. d'Ajot y avoit compris dans la dépenfe, n'auroit point encore été à 200,000 livres ; d'où il fuit, que l'économie fur ce feul fort, eût été de plus de 450,000 livres.

Je fis en même-tems un Projet fuivant ma manière cafematée, pour la grande batterie appellée *Vauban*. Cette batterie fe trouve dans

F

la position la plus défavorable ; on en pourra juger par le détail suivant :

La *Pointe aux Espagnols* forme une montagne à pic , placée à l'entrée intérieure de la rade de Brest. Au bas de cette montagne , & à quelques pieds feulement au-deſſus du niveau de la mer , on a pratiqué un plateau de cent toiſes de longueur , & de ſix à ſept toiſes de largeur , ſans y comprendre un parapet de trois toiſes. Sur ce plateau , on a conſtruit trente-deux embrâſures à merlon & à ciel découvert , deſtinées à recevoir trente-deux pièces de canons, dont cette batterie doit être armée ; mais la plus longue partie en eſt enfilée , & les canons pris en rouage , du feu des vaiſſeaux arrivans de la grande mer par le canal qui conduit à la rade , & l'autre partie en eſt vue à dos ; mais d'autres cauſes auſſi certaines de rendre abſolument nul l'effet de cette batterie , ſont les décombres du rocher qui la domine à pic , que les boulets ennemis feront tomber dans la batterie , ils y écraſeront les hommes ainſi que les affûts. D'où l'on voit qu'il eſt indiſpenſablement néceſſaire d'employer la méthode des caſemates dans toutes les poſitions ſemblables ; & comme la batterie baſſe du *Portzic* , placée vis-à-vis la batterie *Vauban* , eſt entièrement ſemblable, tant par ſa conſtruction à merlon & à ciel découvert , que par ſa poſition au pied d'un rocher, qui s'élève à pic au-deſſus d'elle ; il réſulte qu'on doit regarder comme entièrement nul , l'effet de ces deux batteries , deſtinées cependant à défendre l'entrée de la rade ; & c'eſt une vérité ſi évidente, qu'il n'y a pas à Breſt un ſeul Officier de terre & de mer qui ne penſe ainſi ſur l'inutilité de ces batteries : il règne là-deſſus un ſentiment unanime.

Je ne pouvois donc manquer , dans le Projet que j'ai fait pour cette batterie *Vauban* , d'employer ma méthode caſematée , au moyen de laquelle j'ai pu établir cent ſoixante-quatre pièces de canons , dans deux étages de batteries couvertes , qu'aucuns feux ne peuvent éteindre , & que là chûte d'aucun rocher ne peut endommager. Il faut ſe rappeller ici le principe ci-deſſus : QU'ON NE PEUT S'OPPOSER AVEC SUCCÈS A DES VAISSEAUX PASSANS A PLEINE VOILE , QUE PAR L'EFFET D'UNE NOMBREUSE ARTILLERIE COUVERTE.

Avec une autre batterie du même genre ; conftruite au *Portzic* ; qui ne feroit que le quart de celle-ci , le goulet de la rade de Breft , ne pourroit être franchi par aucun vaiffeau.

Mais les évènemens furvenus depuis mon paffage à Breft , la guerre dans laquelle M. le Comte d'Orvilliers a commandé nos Armées navales ; fa retraite furvenue , pour l'expiation des fautes faites par le Miniftre de la Marine , l'ont mis hors de portée de fuivre les projets qu'il avoit de fortifier les batteries de Breft , fuivant mes méthodes.

Mais dans mes conférences avec lui , je ne m'étois pas borné à m'occuper de ce qui pouvoit intéreffer le Port de Breft. J'avois autant à cœur de recueillir des inftructions fur celui qui pourroit être conftruit à *la Hougue* , & M. d'Orvilliers fut dans le cas de me procurer plus que je n'aurois pu efpérer de trouver à Breft , par la circonftance que M. *Choquet de Lindu* , premier Ingénieur de ce Port , avoit été employé , fous le miniftère de M. de Machault , à faire le projet d'un Port Royal à *la Hougue* , il paffa fix mois fur les lieux , avec plufieurs Ingénieurs fous fes ordres. Il fit toutes les fondes des profondeurs des eaux à la côte , & de la nature des terreins à creufer. Il en compofa un ouvrage très-confidérable , avec les plans néceffaires à tous les développemens de fon projet , & ce font ces excellents matériaux que j'ai eu à ma difpofition tout le tems de mon féjour à Breft ; & leur Auteur venoit paffer des journées chez moi , pour m'en faciliter l'intelligence , & m'en faire connoître tous les détails. C'eft ainfi que j'ai pris l'entière connoiffance d'un travail digne de toutes fortes d'éloges. M. le Comte d'Orvilliers s'y trouvoit le plus fouvent, & je puis dire n'avoir rencontré en aucun endroit autant d'intelligence & d'amour pour les vérités utiles.

Mais ce travail important , exifte encore tout entier entre les mains de fon auteur , M. *Lindu* , & il y eft refté inutile. M. de Machault fut déplacé peu de tems après , & fes fucceffeurs ont eu d'autres vues , ou pour mieux dire n'en ont eu aucune de ce genre , jufqu'à ce qu'une ligue puiffante ait été formée de perfonnages marquants , qu'un Miniftre doit croire , fous peine d'avoir à fupporter le poids de l'indignation des enthoufiaftes, créés par l'habileté d'un petit nombre d'intéreffés à l'entreprife ; c'eft ce qui paroît avoir décidé, l'énorme & vain projet, de former une rade à Cherbourg, où la nature n'a jamais voulu qu'il y en eût une.

On peut juger de ma douleur, quand j'appris cette grande confédération, formée en faveur d'un local, que je connoissois en être si peu digne ; cependant tout ce qui s'y exécutoit étoit le sujet de l'admiration publique. Lorsque ces sortes de calamités arrivent, il n'y a que le tems qui puisse en faire cesser les fâcheux effets. Heureux quand le remède survient, avant que tout le mal soit consommé !

Je n'ai donc pu m'exposer à dire un seul mot de ce que je pensois à ce sujet ; comment une foible voix eut-elle pu percer, au milieu du *crescendo* qui s'élevoit de tous côtés pour applaudir à une des merveilles du monde, créée par des moyens regardés comme surnaturels. C'étoit à la mer à prouver, qui avoit tort ou raison, & malheureusement elle n'a que trop détruit l'illusion. Peut-être seroit-il tems encore de profiter de sa leçon, pour ne pas accumuler à Cherbourg des dépenses hors de proportions, avec l'utilité qu'on n'en pourra jamais retirer. Alors en renfermant les travaux de Cherbourg, dans des limites raisonnables, on pourroit employer les sommes économisées par la réduction du projet de Cherbourg, à mettre la rade de la Hougue en un état de défense, tel que nos vaisseaux puissent y mouiller en sûreté ; nous le croyons possible, avec moins de dépense qu'il n'en faudroit pour l'exécution du projet de Cherbourg en son entier.

Au reste, cette opinion demanderoit d'être développée dans une grande étendue, & c'est une peine qu'il n'est pas naturel de prendre, étant aussi certain de son inutilité. Mais comme une partie de ce travail est tout fait dans mes cabinets depuis plusieurs années, & que depuis ce tems, j'en ai fait graver une planche, qui comprend toute la rade. On la trouvera ici sous le n° X.

Le projet du port qu'on y voit est exactement celui de M. *Lindu*, & la carte est celle qu'il a levée étant sur les lieux ; c'est de lui-même que je tiens cette copie de l'un & de l'autre. Je saisis avec plaisir cette occasion de faire connoître un travail dû à ses connoissances & à son zèle. Les jettées qu'on y voit en avant du port, sont de moi, & il pourroit être, que ce fut ce qu'il y a de mauvais dans le projet. Je n'ai point été à portée de consulter si le local en permettoit l'exécu-

tion, je l'ai fuppofé & les ai fait exprimer fur le plan , comme devant procurer de grands avantages à ce port. Les forts que j'ai fait
placer fur le banc du BOYAR , marqués *d* & les deux marqués *e* , font
de ma compofition, & je les ai en deffins & en relief dans mes cabinets.
M. *Lindu* a de même dans fon projet, un fort placé fur le banc du
Bec. Il s'eft affuré fur les lieux , de la facilité de fon exécution ; le
banc ne refte couvert à baffe-mer , en cet endroit, que de deux braffes
& demie d'eau. J'y ai placé un fort fuivant mes méthodes, comme
étant d'une défenfe beaucoup plus avantageufe que le fien. L'enceinte
fortifiée marquée *b* , qui comprend le port & la ville de Saint-Vaaft ,
eft fuivant une de mes méthodes, de même que tous les forts marqués *f* placés en avant , tout autour de cette place , fur toutes les
hauteurs , defquelles l'ennemi pourroit s'emparer pour canonner &
bombarder la ville. Ces forts font deftinés à le tenir dans un tel éloignement , qu'il ne puiffe rien entreprendre fans s'en être rendu maître.
Je donne cette planche pour qu'il refte du moins quelque trace du
grand travail de M. Lindu , à qui il me paroît qu'on n'a pas rendu
plus de juftice , qu'il n'eft d'ufage d'en rendre à ceux qui ont un véritable talent.

Mais c'en eft affez fans doute, de ce que nous venons de dire
fur Cherbourg & fur la Hougue , pour qu'il foit au moins douteux
qu'on ait pris le bon parti en préférant le premier au dernier. Quant
à la dépenfe , il eft évident d'abord qu'elle eut été nulle , pour obtenir
la plus magnifique & fpacieufe des rades , puifque celle de la Hougue eft toute faite , ce qui donne tout d'un coup une différence de
bien des millions , & qu'enfuite celle des trois forts, n'eût pas dû fur-
paffer celle des trois forts néceffaires à Cherbourg. Il eut été poffible
encore , d'y trouver du bénéfice , en les faifant même plus confidérables que ceux de Cherbourg , puifque nous avons démontré à quel
point on y a prodigué les maçonneries. Toujours eft-il certain que
ceux que j'y avois deftiné & dont les plans font tous faits , auroient
été auffi fupérieurs en défenfe que celui dont j'ai donné le plan
Planche VIII, *fig.* 3 fur celui exécuté n° 1.

Nous avons également prouvé par ce qui a été dit fur les cafemates & fur les embrâfures , au commencement de ce Mémoire ,

que l'affût de Cherbourg ni aucun affût de quelque compofition qu'il puiffe être, ne fauroient opérer aucune augmentation de champ de tir horifontal dans l'ouverture extérieure d'une embrâfure donnée, & que toutes les fois qu'on ne donnera pas à leurs joues, une direction parallèle au plus grand angle de tir qu'on voudra fe procurer, on ne pourra avoir que des embrâfures très-défectueufes.

Nous avons donc maintenant à paffer à la difcuffion des avantages particuliers des deux affûts, relatifs à la vîteffe & facilité dans les différents mouvemens qu'ils ont à exécuter, ce qui fera la feconde partie de notre Mémoire.

SECONDE PARTIE.

Il faut d'abord être prévenu que ces fortes d'affûts font compofés de deux parties, l'une eft l'affût proprement dit, & l'autre eft le chaffis fur lequel l'affût fait les mouvements qui lui font particuliers, tandis que le chaffis a tous fes mouvemens communs avec l'affût qu'il fupporte. Les mouvemens du chaffis avec fon affût s'exécutent par la force des hommes, & fe font horifontalement autour d'un centre fixé par une cheville ouvrière.

Les mouvemens particuliers à l'affût, fe font fur le chaffis immobile, l'un pour fon recul, exécuté par la force de la poudre, l'autre pour revenir en batterie ; c'eft l'effet du propre poids de l'affût & du canon, au moyen des roues & rouleaux qui les portent, & du degré d'inclinaifon donné au chaffis. Ce dernier mouvement n'a befoin de la force des hommes que pour donner la liberté à l'affût de fuivre par fon propre poids la pente du chaffis fur lequel il porte, en faifant ceffer la caufe qui le tient dans fon repos.

Nous avons à parler cependant encore d'un autre mouvement de l'affût feul, qui doit s'exécuter par la force des hommes. Ce mouvement qui exige beaucoup plus de force qu'aucun des autres, eft celui de mettre le canon hors de batterie en obligeant l'affût de remonter à force de bras jufqu'à l'extrêmité du chaffis. Les affûts de côte & ceux à aiguille fe mettent hors de batterie, au moyen des bras de leviers que deux canonniers mettent chacun dans des mortaifes pratiquées aux roues ou cylindres fur lefquels ces affûts font mus. Mais comme les roues & rouleaux de l'affût de Cherbourg font en dedans des flafques , il n'exifte aucun moyen adhérent à l'affût qui puiffe fervir à le mettre hors de batterie , & ce n'eft que par un cabeftan placé derrière chaque affût qu'on peut y fuppléer.

D'après ces premières connoiffances données , l'on fent que la facilité , ainfi que la promptitude du mouvement horifontal du chaffis , de même que celles des mouvemens de fon affût , doivent dépendre de leur plus ou moins parfaite exécution , ainfi que de leur péfanteur plus ou moins grande. Toutes les fois qu'il y aura égalité dans leur exécution & péfanteur , les bras de leviers étant égaux , il y aura néceffairement égalité dans la puiffance , ainfi que dans la quantité de mouvemens des deux machines comparées.

Tout ce qui concerne ces fortes d'affûts , fe trouve gravé dans un fi grand détail fur quatre Planches du cinquième volume de la Fortification Perpendiculaire , fur deux Planches de fon Supplément , & une Planche de la Réponfe aux Ingénieurs , qu'on fe bornera ici , aux feules différences que les changemens faits à cette méthode dans les affûts de Cherbourg ont pu occafionner.

Mais il eft reconnu en mécanique , qu'on ne peut mettre en expérience deux machines deftinées à remplir le même objet , qu'autant qu'elles fortiront également des mains de leur inventeur , & qu'ils les déclareront en état d'être comparées. Ce principe prefcrit par la loi de l'équité , ne permet pas de regarder comme concluantes , toutes les inductions qu'on pourroit tirer des expériences comparatives de ces deux affûts , faites à Cherbourg. Ces expériences n'en font pas moins authentiques ; leur procès-verbal ne contient rien qui ne foit arrivé en effet , & nous regardons comme certains les avantages que l'affût de Cherbourg y a obtenu. Mais l'affût de l'île d'Aix étoit-il en état d'être comparé ? Pour décider cette queftion il fuffiroit de dire que fi les mouvemens font rendus également libres , foit par des effieux de fer & boëtes de cuivre , foit par la même exactitude dans l'exécution , les bras de leviers étant égaux , l'affût le plus péfant fera celui qui exigera un moteur plus puiffant , & dès que le moins péfant , (celui de l'île d'Aix) a exigé plus de force , fuivant le procès-verbal de l'expérience ; pour acquérir la même vîteſſe ; c'eſt qu'il n'étoit ni auſſi libre ni auſſi bien exécuté. En effet, l'affût de Cherbourg venoit de l'être à loiſir ſous les yeux de l'inventeur ; il l'a mis en expérience ſeulement lorſqu'il a été content de ſon exécution, tandis que celui de l'île d'Aix, fait depuis ſept ans au moins, avoit été travaillé avec la plus grande hâte. La guerre faiſoit alors une néceſſité d'avoir promptement en batterie tous les canons deſtinés à la défenſe du fort que j'étois chargé de conſtruire à l'île d'Aix, pour la défenſe de la rade de Rochefort. Ces affûts ont donc néceſſairement contre eux, 1° la promptitude de leur conſtruction, qui n'a permis d'employer que les moyens les plus hâtifs, & non les plus favorables. 2° Le long tems que la plupart de ces affûts ont reſté dans des batteries découvertes, où ils n'ont pu qu'être détériorés. 3° D'avoir été à la paix démontés ſans être réparés, & emmagaſinés les uns ſur les autres dans le fort de l'île d'Aix, enſuite embarqués & débarqués à Cherbourg, de manière que les bois n'ont pu que faire différens effets, qui ont plus ou moins nui à leurs différens mouvemens. Enfin leur eſſieux & rouleaux, ſont entièrement de bois, tandis que ceux de Cherbourg ont des eſſieux de fer tournés, roulant dans des boëtes de cuivre, également tournées & très-bien centrées ; il ne s'eſt donc trouvé rien d'égal entre les deux affûts comparés. Delà il ſuit qu'il n'y avoit aucune comparaiſon à en faire.

D'après ces juſtes obſervations, il nous ſemble qu'on ne peut nous conteſter le droit de regarder comme nulles, les expériences comparatives faites à Cherbourg de ces deux affûts. Mais au défaut d'expérience, nous ne laiſſerons pas de juger aſſez ſainement du mérite de leurs deux compoſitions, en faiſant connoître en quoi conſiſte leur différence.

Nous avons déja dit, que les caſemates de la batterie baſſe du fort du Houmet, à Cherbourg, avoient été conſtruites ſans avoir conſidéré en rien les effets de l'artillerie qu'on devoit y placer. Tout y gênoit ſon étendue, ſur-tout les poternes ou lunettes pratiquées dans les pieds droits des voûtes, & ce fut dans ces caſemates, que fut mis en batterie le premier affût à aiguille venant de l'île d'Aix. On avoit donné trois pieds dix à onze pouces de largeur aux chaſſis de ces affûts, parce

que

que les poteaux montants, avoient été placés dans ce fort, de façon qu'ils ne gênoient en rien le tir oblique du canon. Il n'en étoit pas de même à Cherbourg, la poterne n'étant pas placée où elle auroit dû l'être, s'oppofoit d'autant plus au tir oblique, qu'un chaffis d'affût plus large, la rencontroit plutôt; delà, l'on a facilement conçu, que s'il pouvoit être plus étroit, il conviendroit mieux dans une telle cafemate, & fans chercher les moyens de le rétrécir, on a préféré d'en changer la conftruction.

Il en a été de même, relativement au retour de l'affût en batterie; cet affût étoit anciennement fait, & en mauvais état fans doute. On trouva qu'il n'y retournoit point affez vîte, il ne put même y retourner qu'à force de bras. Le procès-verbal des expériences, fait mention que cet affût, fut tiré plufieurs fois ayant la roue de fa droite placée à fa gauche, & celle de fa gauche à fa droite, ce qui peut donner une idée du foin qu'on avoit pris de cet affût; on rétablit bien fes roues, mais on ne rechercha point les autres caufes de fon peu de vîteffe, quelques faciles qu'elles fuffent à trouver; car il eft notoire qu'à l'île d'Aix il falloit le plus fouvent, retenir par le moyen d'une prolonge le retour en batterie, lorfqu'il prenoit une trop grande vîteffe; l'on aima mieux peut-être recourir à d'autres moyens, dont on auroit le mérite de l'invention, & l'on fe détermina à chercher une différente conftruction.

Ainfi la queftion fe réduit donc à favoir, 1° fi l'on ne pouvoit pas rétrécir l'affût de l'île d'Aix, autant que celui de Cherbourg. 2° Si l'on ne pouvoit pas lui donner autant de vîteffe dans fon retour en batterie, que celui-ci en a. 3° Enfin, fi l'affût de l'île d'Aix, ne feroit pas préférable à celui de Cherbourg, dans le cas où il pourroit être réduit à la même largeur, & avoir la même vîteffe dans fes mouvemens.

Quelques détails fixeront nos idées à ce fujet.

1°. *Du rétréciffement du chaffis de l'Affût à aiguille.*

Rien n'eft plus facile que ce rétréciffement, & pour peu qu'on s'en fût occupé à Cherbourg, on en eût bientôt trouvé les moyens. Les affûts pour le calibre de trente-fix qui font ceux dont il s'agit, ont

G

nécessairement trois pieds de largeur dans leur partie postérieure, afin de pouvoir y loger leur culasse ; mais comme les canons vont en diminuant de diamètre, & que les flasques de l'affût doivent se trouver par-tout joignant le canon, afin de le bien assujettir, il se trouve que l'affût à son extrémité antérieure, n'a plus que deux pieds quatre pouces de largeur, de façon que cette différence, permet de n'avoir que trois pieds sur le devant de l'affût de dehors en dehors des roues, comme on les a sur son derrière, & alors le chassis portant l'affût, ne devant avoir de largeur, que celle qu'ont entr'elles les roues de l'affût, se trouve par-là également réduit à trois pieds de largeur, la même que celle donnée au chassis de l'affût de Cherbourg.

Pour opérer ce changement, il a suffi de supprimer la petite méchanique qui retient les roues dans leur recul, laquelle ayant été placée entre les flasques & les roues, les rejettoit en dehors, & d'y en substituer un autre pour opérer le même effet, en agissant sur la circonférence des roues. Les plans, *fig.* 12 & 13, Planche VI ; & les *fig.* 18 & 19 Planche VII ; font voir que l'effet est le même, & qu'il en est résulté le rétrécissement desiré de l'affût & du chassis. L'on peut voir cette méchanique exécutée à l'île d'Aix, Planche VI du Ve volume, où elle est dans un grand détail.

2°. *De la vîtesse du retour en batterie.*

Voyons maintenant si le moyen employé pour réduire à trois pieds le chassis de l'affût de Cherbourg, qui pouvoit l'être si facilement, de la manière qui vient d'être indiquée, a pu augmenter la vîtesse de son retour en batterie ; on y a préféré de mettre les roues de l'affût, ou le rouleau qui sert au même usage, en dedans des flasques, & faire par conséquent les feuillures du chassis sur lesquelles elles doivent rouler en dedans, au lieu de les faire en dehors (1) ; delà il en a résulté la nécessité d'observer le parallélisme, dans la position des flasques, qui dès-lors s'éloigneroient assez considérablement du canon, près de ses tourillons, & ne le maintiendroient plus dans le milieu de l'affût,

---

(1) Voyez ce rouleau marqué 1, *fig.* 16.

défaut auquel on a cherché à remédier, en laiffant une plus grande épaiffeur de bois fur le devant des flafques, de manière que cette épaiffeur
augmente de trois pouces de chaque côté près des tourillons, difpofition, qui occafionne une perte de bois confidérable, en employant
nombre de journées d'ouvriers de plus pour les délarder. Voyez cette
plus grande épaiffeur des flafques près les tourillons, *fig.* 16 du parallélifme des flafques, qui n'exiftent dans aucun affût, eft venu fans
doute l'idée de les faire porter fur les fous-flafques du grand chaffis,
pour s'oppofer par leur frottement à l'étendue du recul. A cet effet
on a placé le grand & le petit rouleau affez élevés pour qu'ils ne
tournent point dans le recul, & qu'ils ne fervent qu'au retour de l'affût
en batterie, de la manière que nous le dirons bientôt.

Du refte le rouleau placé fur le derrière de l'affût à aiguille, fe
trouvant à la même pofition dans celui-ci, ces deux affûts n'ont entr'eux de différence, que d'avoir mis en dedans des flafques, un rouleau qui tient lieu des roues placées en dehors dans l'autre. Ce changement que le rétréciffement de l'affût ne rendoit point néceffaire,
puifque cet affût dans l'état actuel, *fig.* 18, n'a avec fes roues en dehors que la même largeur de celui de Cherbourg, *fig.* 16; à la vérité
les rouleaux de ce dernier font traverfés d'effieux de fer exactement
tournés, dont les extrêmités font reçues dans des boëtes de cuivre
exactement centrées, ainfi que nous l'avons déja dit; ce qui facilite
beaucoup leur mouvement pour le retour en batterie, tandis que les
roues de l'affût à aiguille, n'ont que des effieux de bois, comme les ont
tous ceux employés par l'artillerie; mais on peut également y adapter
les effieux de fer, avec leurs boëtes de cuivre; ce changement fera
même néceffaire, pour que ces deux affûts puiffent être comparés
équitablement. Mais nous doutons que le grand rouleau de l'affût de
Cherbourg, foit d'une longue durée, n'étant freté d'aucuns liens de
fer, il fera fujet à fe fendre par des gerçures, qui augmenteront fon
diamètre jufqu'à ce qu'elles le faffent éclater, & pour peu que ce diamètre foit augmenté par les gerçures, ou diminué par l'ufure, le rouleau dont le jeu dépend de la grande précifion dans fes dimenfions, ne
pourra plus fervir, il faudra en fubftituer un autre.

Quant à nous, nous avons penfé ne pouvoir donner trop de folidité aux roues de nos affûts, quoique leurs changemens de formes fussent de peu de conséquence dans notre construction.

Quoi qu'il en soit, cette méchanique n'ayant de différence que dans la position de ces roues, placées en dedans au lieu de l'être en de-hors, ne peut donner aucun avantage dans la vîtesse du retour en batterie, lorsque les mouvemens auront à se faire de part & d'autre, sur des essieux de fer roulants dans des boëtes de cuivre. La plus grande vîtesse doit être même pour l'affût de l'île d'Aix, puisque le diamètre de ses roues est de dix-huit pouces, tandis que celui des rouleaux n'est que de quatorze.

Ce changement de construction ne pouvant procurer aucun avan-tage, il étoit donc inutile ; & dès qu'il y a bien plus de solidité dans les roues que dans le rouleau, la méthode des roues semble devoir être préférée, d'autant plus qu'elles donnent le moyen de mettre le canon hors de batterie, dont on est privé avec le rouleau.

Mais c'est la manière de renvoyer l'affût de Cherbourg en batterie, qui a reçu un véritable changement ; ce renvoi dans l'affût à aiguille, s'opère au moyen d'un cliquet de fer placé au milieu, & à l'extrémité de l'aiguille, lequel en s'engageant naturellement dans une crémaillère, fixée, sur l'entre-toise de l'affût, le retient après le recul, tout le tems nécessaire au chargement de la pièce ; & lorsqu'il faut qu'elle retourne en batterie, un canonnier dégage le cliquet de la crémaillère, par le moyen d'un levier, & la pièce n'étant plus retenue, se remet en batterie. Ce mouvement s'est toujours fait à l'île d'Aix, avec la plus grande facilité, par un seul homme, pendant les quatre années qu'a duré la guerre ; mais on l'a trouvé à Cherbourg trop pénible, sans doute, par quelque dérangement qu'on n'a pas apperçu, ou qu'on ne s'est pas occupé de rétablir, c'est ce qui a donné lieu au nouveau moyen qu'on y a employé pour retenir l'affût hors de batterie, & pour l'y renvoyer ; ce moyen est nouveau comme l'étoit celui de le retenir par un cliquet, & ce dernier bien exécuté n'exigera pas plus de force que le premier. Nous allons examiner si cette nouvelle méchanique a quelque mérite qui doive la faire préférer.

Renvoi en batterie.

Le renvoi en batterie de l'affût de Cherbourg, s'opère par le moyen d'un petit chaſſis mobile, marqué 2, *fig.* 16, placé entre les ſous-flaſques du grand chaſſis portant l'affût. Il eſt compoſé de deux pièces de bois de ſept pouces de hauteur, trois pouces de largeur, & ſept pieds de longueur, aſſemblées ſeulement à chacune de leur extrêmité, & laiſſant par conſéquent entr'elles un eſpace vuide de quatre pouces de largeur (1), la partie antérieure de ce chaſſis porte ſur un petit rouleau marqué 3 ſur le ſous-flaſque, *fig.* 17, dont les axes de fer tournent dans des boëtes de cuivre encaſtrées dans les ſous-flaſques immobiles du grand chaſſis, portant l'affût, tandis que ſa partie poſtérieure, porte ſur un gros rouleau, 4, placé en-deſſous, à l'extrê-mité des ſous-flaſques, ce rouleau étant d'une longueur telle qu'il les dépaſſe de neuf pouces de chaque côté, pour qu'un levier entrant dans des mortaiſes, qu'on y voit pratiquées, *fig.* 16, puiſſe le faire tourner à volonté. Enfin ce même rouleau eſt diſpoſé de manière qu'on lui a conſervé une épaiſſeur de bois, plus conſidérable dans ſon milieu répondant au-deſſous du chaſſis mobile ; cette partie plus épaiſſe for-mant d'un côté une courbe inclinée, ſert à porter en avant le chaſſis mobile, au moyen d'une chaîne de fer qui y eſt fixée, en même-tems qu'il élève le derrière de l'affût, qui peut s'incliner ſur le devant, moyennant les échancrures faites au flaſque marqué 5, *figure* 17, qui doivent être le centre de gravité de la pièce & de l'affût, & le point ſur lequel l'un & l'autre peuvent ſe tenir en équilibre. Alors étant incliné de cette manière, cet affût ne porte plus que ſur ſon centre de gravité qui fait le point tangent des flaſ-ques, & ſur ſes deux rouleaux, c'eſt-à-dire celui de derrière commun aux deux affûts, & celui du devant tenant lieu des roues de l'affût à aiguille ; & comme les roues de ce dernier ſe trouvent avoir quatre pouces de diamètre de plus que le rouleau, il ſuit qu'elles doivent accélérer la vîteſſe du retour en batterie, & non la retarder ; car s'il en

---

(1) Voyez la *fig.* 16, où ce chaſſis eſt vu en plan, & la *fig.* 17, où il eſt vu ponctué en élévation & marqué du chiffre 2 dans l'une & l'autre figure.

arrivoit autrement, on ne pourroit l'imputer qu'à un défaut d'exécution, d'où il fuit que la différente conftruction de l'affût à double chaffis, ne doit lui procurer aucune facilité de plus, pour fon retour en batterie.

Cet affût n'offre dans fa compofition aucun moyen en lui-même, pour mettre la pièce hors de batterie. Il faut avoir recours à un cabeftan placé derrière chaque affût, portant un cable affujetti aux crochets de retraite des flafques. Mais avant de le faire mouvoir, il faut faire fortir le coin 9, *fig.* 17, de fes rainures, en le portant en avant, par le moyen d'un levier paffant entre le boulon tenant aux fous-flafques, & celui tenant au coin 9. Alors le devant des flafques, ne portant plus fur le coin, l'affût peut s'incliner, à l'aide du petit chaffis intérieur marqué 2, qu'un canonnier fervant élève, afin d'élever également le derrière de l'affût, de manière à ce qu'il porte fur fes deux rouleaux, & fur le point d'équilibre de fes flafques marqué 5. Alors leur frottement fur les fous-flafques n'exiftant plus, & d'autres canonniers fervants, faifant tourner le cabeftan, l'affût eft ramené fur le derrière du chaffis, & la pièce fe trouve hors de batterie, d'où l'on voit d'abord que cette manœuvre exige une machine étrangère à l'affût; premier inconvénient. Qu'elle oblige de plus à approfondir plufieurs raînures dans le devant des fous-flafques, pour y placer des coins 9, lefquelles raînures, venant à fe joindre dans quelqu'une de leur partie, avec les entailles occafionnées pour le logement des roulettes placées fur le devant du chaffis, découpent prefqu'entièrement le devant des pièces de bois formant ce chaffis ; ce qui ne peut avoir lieu, fans nuire extrêmement à la folidité, ainfi qu'à la durée de cette partie importante de l'affût ; & qu'enfin cette manœuvre entraîne une complication de mouvement fort affujettiffante, qui ne fe trouve dans aucune autre méthode. Mais pour rendre plus fenfibles tous les inconvéniens qui s'y rencontrent, il faudroit des gravures de cet affût, dans le même détail de celle que nous avons donné de l'affût à aiguille, & c'eft un foin dont nous n'avons pas dû nous charger.

Le moyen de diminuer l'étendue du recul eft encore différent dans les deux affûts, celui de l'île d'Aix s'opère par deux cliquets, marqués 6, *fig.* 12, 13, 18 & 19, qui enraient les deux roues, lorfqu'elles ont à remonter par le recul le long du plan incliné des fous-

flafques , tandis que dans l'affût de Cherbourg ; ce font les flafques
eux-mêmes , qui portent fur les fous-flafques , appellés liffes à Cherbourg , & s'oppofent au recul par le frottement des deux parties en
contact : mais ce moyen qui n'opère que le même effet , opéré par
l'enraiement des roues à l'affût de l'île d'Aix , oblige à donner aux
fous-flafques onze pieds & demi de longueur , afin qu'ils aient autant
d'étendue que le recul , comme on les leur a donné à l'affût de côte ,
ce qui donne à ces deux chaffis la plus grande reffemblance , tandis
que les fous-flafques de l'affût à aiguille ; n'ont befoin d'avoir que
fix pieds quatre pouces de longueur. La grande longueur que la méthode de l'affût de Cherbourg oblige de donner aux fous-flafques du
chaffis , a plufieurs défavantages effentiels. 1°. Il leur faut néceffairement des équariffages proportionnés : toutes les fois que des bois ont
leur point d'appui plus éloigné , ils travaillent toujours davantage ,
qu'elles que foient leurs dimenfions. 2° Les bois dans de telles proportions font d'une efpèce plus rare & plus chère. 3°. Elles aug-
mentent la quantité de pieds cubes de bois , & par conféquent la
pefanteur. Par le toifé des chaffis des deux affûts , on trouve qu'il entre
treize pieds cubes de bois de plus dans celui de Cherbourg , l'on
trouve également dans l'affût deux pieds cubes de bois de plus , & il
ne paroît pas que cette augmentation de pefanteur & de dépenfe ,
foit compenfée par aucun avantage ; bien au contraire , car ce chaffis
occupe beaucoup plus de place dans la cafemate. Il forme un paral-
lélogramme de trois pieds fur onze pieds fix pouces , tandis que celui
de l'île d'Aix n'eft que de trois pieds fur fept pieds. Le rapport de
l'efpace qu'ils occupent , eft donc comme vingt-trois eft à quatorze ;
celui de l'île d'Aix n'a que fon aiguille en faillie , qui ne s'oppofe
point à ce que les canonniers puiffent fe tenir immédiatement derrière
le canon en batterie pour le pointer , & faire fort à l'aife toutes
les manœuvres que fon fervice exige , tandis que la conftruction du
chaffis de l'affût de Cherbourg , s'y oppofe entièrement. Le canonnier
gêné par la longueur & la largeur du chaffis , eft obligé pour
pointer , de fe tenir en-dehors du chaffis , & de fe pencher beaucoup
de côté , pour placer fon œil au haut de la culaffe lors du pointage ,
ce qui ne peut que le rendre moins exact.

Mais le recul des pièces eft toujours fort inégal , quoiqu'avec la même charge , à caufe des différens degrés de force de la poudre , & nous avons jugé néceffaire d'oppofer à cet excès de force , un obftacle capable de le vaincre à la fin du recul , afin que quelque grand qu'il foit , l'affût ne puiffe jamais venir heurter contre l'entre-toife de derrière du chaffis ; cet obftacle eft une courbe adaptée à l'extrémité des fous-flafques , à laquelle on peut donner telle rapidité que l'expérience aura fait reconnoître néceffaire ; on en trouve le tracé avec tous fes développemens Planche VII du Supplément à mon V^e volume , tandis que le frottement le long des fous-flafques de l'affût de Cherbourg , eft toujours le même , & ne peut oppofer aucun obftacle de plus à la fin du recul , dans les cas où la force de la poudre fe trouve plus grande , ou que l'humidité rende les fous-flafques ou liffes , plus gliffantes , & ce moyen de moins , de s'oppofer aux effets de l'inégalité du recul , eft encore un défavantage pour l'affût de Cherbourg.

Des Flèches en avant des Affûts.

Les flèches ajoutées en avant des affûts mobiles fur un centre , ne peuvent augmenter l'angle de tir horifontal. Nous avons fait voir que cette augmentation ne peut venir que de la direction donnée aux joues dans l'intérieur de l'embrâfure , & qu'au moyen de cette direction dans les joues , les affûts fans flèches ou avec des flèches tireront fous le même angle. Ce n'eft donc que le point où fe trouve placé la réunion des différentes directions horifontales , que l'on veut donner au tir des pièces , qui détermine pour le même angle le plus ou le moins d'ouverture extérieure des embrâfures ; on peut feulement , au moyen de l'addition des flèches , changer par un mouvement continu les directions du tir des affûts ; & nous avons déja obfervé à ce fujet , que toutes les fois qu'on a à tirer fur des objets mobiles , tels que des vaiffeaux en mer , il faut , ou donner de grandes ouvertures horifontales aux embrâfures , ou adapter des flèches aux affûts avec tout ce qu'elles exigent d'y ajouter , comme des roulettes , &c. mais que lorfqu'on n'a à tirer que fur des objets fixes , tels qu'ils le font toujours fur terre , il faut employer des affûts fans flèches , attendu

qu'ils

qu'ils font bien moins compliqués ; il n'y faut ni flèches ni roulettes ajoutées. Nous avons préféré de ne point faire cette addition à nos affûts deftinés au fort de l'île d'Aix , parce qu'il falloit pour affurer le fuccès d'un affût d'une conftruction auffi nouvelle, le compliquer le moins poffible ; fans quoi la voix publique, qui tranche fans rien examiner , eut traité d'extravagance une compofition qui eut obligé tant d'acceffoires , & dans la vérité il n'y a rien de réellement bon pour l'ufage à la guerre , que ce qui eft le plus fimple. Mais comme dans un fort en bois , l'ouverture horifontale plus ou moins grande des embrâfures , s'exécute avec la même facilité , puifqu'elles fe conftruifent au moyen d'une feule pièce de bois , qui tient lieu des voûtes indifpenfables dans la conftruction des embrâfures en pierre. Nous n'avons point héfité à donner à nos affûts du fort de l'île d'Aix , un centre de mouvement fixe , dans la vue de les fimplifier ; puifque nous pouvions y tirer fous un angle de 60 degrés , en ne donnant aux embrâfures que 7 pieds 6 pouces d'ouverture horifontale , ce qui fait encore 6 pouces de moins que celle donnée au fort royal à Cherbourg. Or nous avons démontré *fig.* 8 , que dans de telles embrâfures de 8 pieds d'ouverture horifontale , on pouvoit avoir un tir de 71 degrés avec des affûts fans flèches à centre fixe , tandis qu'ayant adapté une flèche à l'affût de Cherbourg *fig.* 8 , on n'a eu dans cette même embrâfure qu'un tir horifontal de 62 degrés. Il ne falloit donc point alors (ces embrâfures étant ainfi faites) avoir recours à la méthode des flèches , elle y étoit inutile , & il falloit d'autant plus s'en difpenfer , que cette addition a bien plus d'inconvéniens pour les affûts à double chaffis de Cherbourg , que pour ceux à aiguille de l'île d'Aix , attendu qu'il faut néceffairement ajouter au premier , deux roulettes qui ne peuvent y être placées , qu'en entre-taillant à une très-grande profondeur les fous-flafques , n'y laiffant au bois qu'un pouce d'épaiffeur au plus , ce qui ne peut manquer de les détériorer beaucoup ; tandis que par la pofition de la feule roulette néceffaire à ajouter à l'affût à aiguille de l'île d'Aix , il n'y a aucune entaille à faire dans les bois , comme nous l'avons déja fait obferver.

Le canon & l'affût de l'invention du Chevalier Folard , qu'il fit éprouver du tems de la Régence, & qui lui valut le brevet de Colonel,

H

avoit la cheville ouvrière de fon affût, placée à 15 pouces en avant de la genouillère de fon embrâfure, où fe trouvoit la réunion des différentes directions horifontales qu'il vouloit embraffer. Son canon avoit les deux mouvemens, celui du recul fur un chaffis, & le chaffis avoit le fien fur une cheville ouvrière, placée comme nous venons de le dire. Mais il s'en faut bien que le Chevalier Folard ait donné à cette idée toute l'étendue dont elle eft fufceptible, & qu'elle a reçu dans la Théorie des embrâfures qui fe trouve au IIe volume *de la Fortification Perpendiculaire.*

Quoi qu'il en foit, cette méthode de l'addition des flèches aux affûts, peut être employée utilement, lorfqu'on ne l'appliquera que dans les cas qui lui font propres ; mais elle s'appliquera toujours d'une manière moins avantageufe aux affûts à double chaffis de Cherbourg, qu'à celui à aiguille de l'île d'Aix, en ce qu'elle détériorera beaucoup le premier, fans altérer d'aucune manière la folidité du fecond.

CONCLUSION.

On a vu par tout ce qui vient d'être expofé dans ce Mémoire ; que les anciennes cafemates ne pouvoient être d'aucun ufage, par la manière dont elles avoient toujours été conftruites. M. de Vauban paroît être le dernier qui les ait confervées, dans la compofition de fes fyftêmes à tours baftionnées, mais fans s'être occupé à les perfectionner d'aucune manière. Nous en avons la preuve dans les cafemates faites depuis bien des années, dans les flancs des demi-baftions de l'ancien fort de l'île d'Aix, dont on voit le plan au niveau du terrein, & la coupe fur la ligne *a, b, c, d,* Planche III ; en comparant cette ancienne cafemate à celles pratiquées dans les tours baftionnées du Neuf-Brifac, on trouve que les proportions en font entiérement femblables. Les premières ont même cet avantage fur les dernières, que leur poterne n'a que trente pieds de longueur, tandis que celles du Neuf-Brifac en ont plus de cinquante. Mais comme dans les unes & les autres, l'entrée de ces fouterreins fe trouve au niveau du terrein, il fuit que le peu de fumée qu'elles peuvent évacuer, ne commence à fortir que lorfqu'elle s'eft condenfée, & que, par fa grande quantité, elle occupe, depuis le haut de la voûte, toute la capacité de la cafemate, pour s'évacuer par la poterne. D'où l'on voit que les canonniers y étant entiérement plongés, il eft impoffible qu'ils y voient, ni qu'ils y refpirent. Il eft étonnant qu'avec de tels défauts connus, on n'en ait rectifié aucun en conftruifant les tours baftionnées ; mais dès que ces dernières ne valoient pas mieux que les premières, le Corps du Génie a dû les profcrire, puifqu'ils n'ont pu trouver les moyens d'en conftruire de meilleures. Ils ont eu cependant bien des occafions de reconnoître, depuis l'ufage des batteries à ricochet, qu'il étoit impoffible de conferver de l'artillerie fur des remparts enfilés de tous côtés.

De cette vérité connue de tout le monde, il fuit que c'eft fe faire illufion que de compter fur la réfiftance des places de guerre, tant qu'on ne trouvera pas les moyens d'en conferver l'artillerie, & ces moyens ne peuvent être évidemment que des cafemates. De-là, l'on ne peut trop s'étonner que tant d'Officiers inftruits, dont l'état eft de ne ceffer leurs recherches fur tout ce qui peut tendre à la perfection de l'art, n'aient pas trouvé des conftructions exemptes des défauts des anciennes, tandis qu'elles fe préfentent fi naturellement ; car il fuffit de donner un libre paffage à l'air dans ces fortes de fouterreins.

C'eft à quoi je me fuis appliqué avec un entier fuccès, & de ce moment, le fyftême défenfif ne peut plus être le même ; il faut profcrire toute méthode où l'artillerie ne fera pas couverte; alors les effets du ricochet deviendront nuls, ainfi que les feux plongeants des vaiffeaux fur les batteries dont ils peuvent approcher. A ces avantages inappréciables, fi l'on y joint celui de réunir dans peu d'efpace beaucoup d'artillerie, il en naîtra indubitablement une force que rien ne pourra furmonter. Tel eft le principe fondamental de mes compofitions ; mais nous n'avons eu à nous occuper ici que de l'application qu'on en peut faire à la défenfe des rades.

Le fort que j'ai été chargé de faire exécuter à l'île d'Aix, eft préfenté dans ce Mémoire pour exemple, dans la vue de comparer fes effets à ceux qui ont été exécutés depuis. Nous avons fait voir qu'il joignoit à la folidité, des moyens de défenfe très-puiffants, & comme ces moyens font en partie fondés fur la compofition particuliére des

H 2

affûts fur lefquels fon artillerie eft montée, il a fallu néceffairement entrer d'abord dans les détails de ce que leur conftruction leur procure d'avantages fur les anciens affûts, & réfuter les reproches qu'on a fait à Cherbourg, aux quarante affûts qui y ont été envoyés de l'île d'Aix.

M. Meunier, Officier du Génie, employé dans ce Port-de-mer, a prétendu : 1°. Que par des changemens qu'il y a fait, il obtenoit un plus grand champ de tir horifontal dans une embrâfure donnée; 2°. Et qu'il accéléroit les mouvemens du canon fur fon affût.

Ce font ces deux affertions, qui ont occafionné la divifion de ce Mémoire en deux Parties.

PREMIERE PARTIE.

Nous avons fait voir par nombre de figures, que ce n'étoit que par les différens tracés des embrâfures, qu'on pouvoit dans une ouverture extérieure donnée, augmenter le champ de tir horifontal, & qu'aucun affût de quelque conftruction qu'il fût, ne pouvoit opérer cet effet. Que c'étoit une erreur de M. Meunier de penfer que par l'addition d'une *flèche* en avant de l'affût, foit de l'île d'Aix, foit de Cherbourg, il augmenteroit le champ de tir fans rien changer aux embrâfures.

Nous avons donné enfuite les principes généraux pour le tracé des embrâfures des cafemates, principes dont on ne peut s'écarter, fans les rendre très-défectueux, & nous faifons voir par des plans, profils, & élévations exacts, que faute de s'y être conformé en conftruifant le Fort-Royal fur l'île Pelée, on a mis les batteries de ce fort dans le cas d'être plutôt démontées, & d'être plus meurtrières pour les canonniers, que les batteries à merlon & à ciel découvert ordinaire. Nous donnons fur plufieurs Planches, des deffins de ces mêmes embrâfures, où l'on voit qu'avec une ouverture horifontale de quatre pieds, on obtient un champ de tir de foixante-quinze degrés, tandis que les embrâfures des cafemates baffes du Fort-Royal, ayant huit pieds d'ouverture horifontale, ne donnent qu'un tir de foixante-deux degrés ; & fi l'on veut comparer la furface de leur ouverture extérieure, l'on trouve que celle de la première n'eſt que de ſix pieds quarrés ; tandis que celle de la ſeconde exécutée à Cherbourg eſt de plus de quarante pieds quarrés. Cependant celle de ſix pieds, a un champ de tir plus étendu que celle de quarante pieds.

De-là nous paſſons à l'examen du Fort-Royal, dont nous rapportons Planche VIII, le plan en entier, *fig.* 1, & ſes profils, *fig.* 2; nous rapportons même Planche, *fig.* 3, le plan dans le même emplacement, & ſon profil, *fig.* 4, tel que nous penſons qu'il eut dû être conſtruit, en ſuivant notre méthode plus exactement ; & nous faiſons voir par une comparaiſon exacte, que le Fort-Royal n° 1, eſt inſuffiſant pour s'oppoſer à l'entrée des vaiſſeaux ennemis par la paſſe qu'il eſt deſtiné à défendre. Que ces vaiſſeaux ayant franchi cette paſſe, qui n'a pour ſa défenſe que vingt-ſix coups de canons par décharge, ſe trouveroient vis-à-vis la partie du fort où ſont les terraſſes des deux enceintes, toutes plongées du feu des vaiſſeaux, ces feux en démonteroient l'artillerie, tueroient les canonniers, & l'intérieur des caſemates hautes & baſſes en ſeroient vues à dos, de maniere que perſonne ne pourroit y reſter.

Tandis que le fort, n°. 3, ayant toute ſon enceinte de même hauteur, offre dans tout ſon pourtour la même défenſe de quatre-vingt, quatre-vingt-douze & quatre-vingt-ſeize coups de canons couverts par décharge ; & il ne peut être vu à dos d'aucun côté, puiſque, ainſi que nous venons de le dire, la hauteur de ſon enceinte eſt par-tout la même.

Ces obſervations ſuffiſent ſans doute pour faire ſentir de quelle conſéquence ſont les défauts de connoiſſances dans des conſtructions auſſi importantes. Mais nous regrettons beaucoup de ne pouvoir donner, gravés, tous les détails que nous avons ſur ce fort ; en plans, profils & élévations, ſur une beaucoup plus grande échelle. L'avantage d'une telle compoſition ſeroit bien plus ſenſible, mais ce ſeroit multiplier les Planches par-delà la juſte meſure que l'on doit obſerver dans de ſemblables ouvrages.

SECONDE PARTIE.

Nous y difcutons les avantages particuliers des deux affûts ; celui à aiguille, tel qu'il a été exécuté à l'île d'Aix, & celui à double chaffis de Cherbourg, relatifs à leur vîteffe dans les mouvemens qu'ils ont à faire.

On voit par l'examen le plus détaillé de l'un &. de l'autre affût, que la néceffité de faire des changemens à la compofition de l'affût de l'île d'Aix, n'eft fondée que fur une erreur, puifqu'on y prouve que de quelque manière qu'un affût foit conftruit, il ne peut augmenter en rien le champ de tir horifontal dans une embrâfure donnée, & que l'affût de l'île d'Aix peut donner dans tous les cas le même angle de tir horifontal.

On voit de même que la plus grande facilité & promptitude des mouvemens attribuée à l'affût de Cherbourg, ne peut être due qu'à la fupériorité de fon exécution, & aux effieux de fer & boîte de cuivre qui lui font particuliers, mais non à la différence de fa compofition, puifqu'il eft plus pefant en raifon de fa plus grande quantité de pieds cubes de bois, & que fon retour en batterie fe fait fur des rouleaux d'un rayon plus petit que celui des roues qui renvoient en batterie l'affût de l'île d'Aix.

Or nous difons, que dès que l'affût de Cherbourg, dont il s'agit, ne remplit aucun des objets pour lefquels il a été compofé, qu'il occupe beaucoup plus de place dans les cafemates, qu'il emploie plus de bois d'une efpèce plus rare & plus chère, que fes mouvemens dépendent d'une grande précifion dans leur compofition, (qu'on n'obtient que rarement & difficilement), qu'il ne peut être mis hors de batterie par l'application fimple du levier, comme celui de l'île d'Aix, qu'il ne peut oppofer aucun obftacle de plus aux effets plus grands de la poudre dans le recul ; qu'enfin le pointage du canon s'en fait moins commodément, par l'obftacle que

les longueur & largeur des chaſſis oppoſent au canonnier poin-
teur. Il nous paroit évidemment que la composition de l'affut
a aiguille doit être préférée.

F I N.

Errata du Mémoire sur les Casemates.

PAGE 4, *ligne* 10, *il y a* qu'on a apperçu, *lisez*, qu'on n'a apperçu.

Page idem, *ligne* 32, *il y a* Belfort, *lisez*, Béfort.

Page 6, *ligne* 5, *il y a* qu'il fut mis, *lisez*, qui fut mis.

Page idem, *ligne* 18, *ôtez la virgule*, *mettez un point*.

Page idem, *ligne* 19, *ôtez le point*, *mettez une virgule*.

Page 7, *ligne* 21, *il y a* coutours, *lisez*, contours.

Page 9, *ligne* 1ere, *il y a* est un profil, *lisez*, est au profil.

Page idem, *ligne* 24, *il y a* oreillons, *lisez*, aîlerons.

Page 10, *ligne* 13, *il y a* de la preuve, *lisez*, de l'épreuve.

Page 11, *ligne* 17, *il y a* au-dessous, *lisez*, au-dessus.

Page 12, *les* 5 *lignes du dernier alinea*, & *la* 1ere *ligne de la page* 13 *qui le termine*, *peuvent être supprimées*; *c'est une répétition qui avoit été barrée dans le manuscrit*, & *qui a été imprimée sans y prendre garde*.

Page 15, *ligne* 1ere, *il y a* obient, *lisez*, obtient.

Page 27, *ligne* 29, *il y a* du tour, *lisez*, du tout.

Page idem, *ligne* 32, *il y a* pour lequel, *lisez*, pour laquelle.

Page 28, *ligne* 18, *il y a* Carpithet, *lisez*, CARPILHET.

Page idem, *ligne* 34, *il y a* avantageuses *un point*, *lisez*, avantageuses *virgule*.

Page 30, *ligne* 18, *il y a* que ceux, *lisez*, que celle.

Page 33, *ligne dernière*, *il y a* pas faire, *lisez*, pas à faire.

Page 44, *ligne* 28, *il y a* X, *lisez*, XI.

Page 48, *ligne* 17, *il y a* leur essieux *virgule*, *lisez*, leurs essieux *un point*.

Page 50, *ligne* 15, *il y a* un autre, *lisez*, une autre.

SUPPLÉMENT

A l'Explication des Planches , données ci-deſſus , page
ſeptième & ſuivantes.

PLANCHE PREMIERE.

Nous ajouterons ici aux détails donnés ci-deſſus , page 7 juſqu'à
10 , relatifs à cette Planche , qu'il s'y trouve une défenſe intérieure du
côté de la terre , qui ſeroit ſuſceptible d'une aſſez longue diſcuſſion.
D'abord , les deux bâtimens M¹, M², dont les parties avancées forment
deux corps-de-garde intérieurs , ſont terminés par des murs crenelés
tenant à un autre mur arrondi dans ſon milieu & également crenelé ,
de manière que les faces des deux aîlerons P¹, P², & ces murs ſont
une enceinte continue , qui couvre entièrement le fort , & dont il ſorti-
roit un feu très-meurtrier ; ſans expoſer ceux qui auroient à l'exécuter ,
par la conſtruction particulière des creneaux pratiqués dans ces murs ; on
en trouvera les détails Planche III.

L'on voit enſuite que l'extrémité des faces de chacun des aîlerons
P¹, P², répond à deux murs crenelés N¹, N², allant par un retour d'é-
querre , aboutir aux deux faces du ſaillant de la tenaille angulaire , de
façon que cette partie de la tenaille , ſe trouve , au moyen de ces deux
murs , ne former qu'une ſeule pièce avec les deux aîlerons , P¹, P², &
ces aîlerons tenant au fort même , tous ces ouvrages font un enſemble
dont la défenſe eſt commune.

Mais toute cette partie étant donnée dans le plus grand détail , Planche III , nous n'en dirons pas davantage pour le moment.

Après avoir rétabli entièrement la demi-lune U , pour ſervir de cou-
vreface à la tenaille angulaire , nous y avons fait conſtruire une batterie de trois pièces à ciel couvert , qui ſeroit du plus grand effet , em-
braſſant par ſes différentes directions , tout l'intérieur de l'île. L'empla-

I

cement de cette batterie ; n'étant ordinairement destiné qu'à des canons à barbette, la composition de ses embrâsures à ciel couvert , a donné lieu à des constructions entièrement différentes de celles en usage. Les plans en grand que nous avons fait faire de cette batterie , offrent les plus grands détails , & sont assez curieux à beaucoup d'égards.

Il en seroit de même de ceux que nous avons de cette batterie de l'anse de la Croix d¹, d², & d³, appellée UN CHEF-D'ŒUVRE par M. le Marquis de Voyer ; elle n'est, pour ainsi dire , qu'indiquée sur cette Planche I, tandis que sur nos plans en grand on y trouve les règles du tracé employé à la construction de ses embrâsures ; elles en ont reçu une application différente ; chacune ne devant pas faire ce que sa voisine avoit à faire , & devant avoir une différente direction. Je ne sais s'il a jamais existé en aucun endroit, des travaux conduits avec autant de soins particuliers , pour chaque partie , tendant tous à obtenir le plus grand & le meilleur effet. Un travail que l'habitude a rendu familier , est bien plus commode à suivre ; il ne demande aucun soin , aucune peine , on n'a point à y penser , des sous - ordres suffisent , la besogne va d'elle-même ; une selle à tous chevaux convient également au plus mauvais écuyer. Il est cependant on ne peut plus rare , que la même méthode puisse également convenir à deux endroits différents , on ne la fait cadrer qu'en forçant nature , & c'est prendre le véritable chemin pour mal faire.

PLANCHE II.

Nous avons peu de choses à dire de plus sur cette Planche, que ce qui en a été dit ci-dessus, pages 10 & 11 ; le rapport des mêmes lettres & chiffres qui se trouvent aux plans & au profil , indiquent suffisamment chaque partie, il suffit de les suivre depuis le chiffre 1 , jusqu'au chiffre 12 , pour les reconnoître. Le plan n° 1 , comprend ces deux batteries latérales c⁵ & c⁶ , prenant des revers sur la rade , & il fait voir comment le fort tient à la tenaille angulaire dont le plan s'y voit en partie.

PLANCHE III.

Cette Planche offre de grands détails, dont quelques-uns font fuf-ceptibles d'explication, pour en rendre l'intelligence plus facile.

On y voit l'extrémité d'un des côtés du fort avec la partie de fon avancée en deçà de fa capitale, marquée 4, 5, 6, 7, 8. *Le mur cre-nelé qui la couvre* 9, *le corps-de-garde avancé* M¹, *l'aîleron* P¹, *enfin une moitié de ce que nous avons nommé la tenaille angulaire, dont la partie faillante* S², *avec fes deux doubles batteries* 12 & 13, *eft deftinée à la défenfe du grand foffé ; & la partie* 14 *étant entièrement couverte, par la demi-lune* U, *a été terminée par un mur crenelé de fix pieds d'épaiffeur, afin d'y avoir plus d'efpace, & pouvoir y faire un retran-chement avec une feconde porte* 15, *défendue par deux corps-de-garde, dont un* 16, *paroît ici à murs crenelés, & les feux de ces corps-de-garde rendroient l'approche de cette feconde porte impoffible.*

Mais les creneaux que l'on voit ici, ne font point du tout ceux en ufage. Ces derniers, ayant le très-grand défaut de ne pouvoir, par la même ouverture, placer qu'un feul foldat, & tirer qu'un feul coup à la fois, de manière que fon coup étant parti, le foldat ennemi peut s'emparer du creneau, & il devient de ce moment contre l'intérieur de la place. Ici on diftingue, malgré la petiteffe de l'échelle, que trois foldats peuvent tirer à la fois dans la même ouverture extérieure, & que de deux en deux, le même foldat peut tirer dans deux ouvertures extérieures diffé-rentes, fans changer d'ouverture intérieure. Le profil d'un de ces cre-neaux fe voit en y, z ; *fes angles d'inclinaifon & d'élévation, fe croi-fant aux deux tiers de l'épaiffeur du mur, y forment deux angles op-pofés au fommet, dont la bafe de l'un formant l'ouverture extérieure, eft d'autant plus petite, que le point d'interfeétion eft plus près de la furface extérieure du mur ; & c'eft de cette façon, que des creneaux avec de très-petites ouvertures extérieures, peuvent avoir de grands champs de tir.*

Mais il ne faut pas s'imaginer, que pour l'exécution de ces creneaux, il faille forer des pierres dans toutes leurs différentes direétions. Cette opération fe fimplifie beaucoup, en plaçant le milieu du creneau entre

I 2

deux affises de pierre de taille , dans lesquelles on approfondit fort à l'aise les conduits deftinés à former les creneaux ; & lorfqu'ils font taillés fur les deux pierres , fuivant le tracé qui leur convient , on les place l'une fur l'autre , & les creneaux fe trouvent faits en même tems que le mur.

Au refte , cette théorie des creneaux demanderoit d'être plus développée , & fur une bien plus grande échelle ; mais l'indication que nous en donnons ici , doit fuffire aux gens de l'art , habitués à fuppléer par leur intelligence , aux détails qu'on n'a pu donner , fans multiplier les gravures & les planches.

La partie de la tenaille angulaire , marquée S^1 , qui contient trois doubles batteries , eft un prolongement des faces des baftions, deftinés à défendre de très-près l'angle flanqué de la tenaille angulaire , & les faces de la demi-lune marquée U , Planche II , qui étoient précédemment très-mal défendues par la courtine ; car nous devons faire remarquer ici , que ce front a toujours été d'un très-mauvais tracé , puifque fa demi-lune , qui avoit peu de faillie , & peu de capacité , ne tiroit la défenfe de fon angle flanqué , que des deux flancs concaves , mais fi obliquement , que la défenfe de ce point étoit nulle , tandis que celle de tout fon foffé ne fe tiroit que de la courtine.

A l'extrémité de cette partie S^1 de la tenaille angulaire , on voit une traverfe droite & une brifée , dont l'ufage demande quelque explication. On voit fur la Planche I , que la batterie environnante c^1 , c^2 , & le parapet du flanc concave q^2 , Planches I & III n'ont point de foffés qui les précèdent. On a fuppofé ici le cas , quoique hors de toute vraifemblance , que l'ennemi étant parvenu à faire approcher quelques chaloupes , & jetter du monde à terre , malgré tous les feux des batteries $c^1 c^2$, & ceux de la batterie de l'anfe de la Croix , auroit franchi la batterie environnante ; & qu'alors , pour fe couvrir du feu du fort , il fe feroit jetté dans la partie q^2 , dont il auroit efcaladé le parapet pour chercher à pénétrer par le rempart q^3 : Alors il feroit d'une part , fous le feu de l'aïleron P^1 ; & de l'autre , fous celui de la traverfe angulaire , où il fe trouve deux barrières qui ne permettent abfolument point de pénétrer fur la partie S^1 de la tenaille angulaire , ce qu'il eût peut-être tenté , fans ces traverfes , qui s'oppofent également à ce que l'ennemi puiffe y pénétrer en tentant d'escalader le parapet q², par le fossé qui le sépare de la partie du rempart q¹.

Nous devons faire remarquer de plus, que ce n'est pas le seul obstacle que nous lui ayons opposé, pour arriver dans l'intérieur du saillant de la tenaille angulaire, puisqu'il se trouve encore un mur crenelé 17, à son autre extrémité, qui ne lui permettroit même pas de rester dans la partie S¹, quand même il y seroit parvenu, ce que nous avons toujours regardé d'une exécution impossible ; & si nous nous sommes attachés à donner ces diverses manières de se retrancher, & de multiplier les obstacles pour arriver dans l'intérieur des ouvrages, cela a été uniquement dans la vue d'offrir ces exemples, dont l'application peut être faite en d'autres occasions, où les accès pourroient être plus faciles.

En considérant maintenant cette tenaille angulaire en son entier, Planche I, on est en état de juger du système défensif qui a dirigé sa composition. Nous avons voulu la lier au mur crenelé, qui couvre les avancées du fort, & se joint aux deux aîlerons P¹, P², & faire que la seule partie saillante de la tenaille angulaire, fût particulièrement liée à ces mêmes aîlerons qui tiennent au fort.

On n'a pas représenté à vue d'oiseau le plan du flanc c, pour faire voir celui de l'ancienne casemate, pris à la hauteur de ses deux embrâsures, & faire connoître les grandes dimensions qu'on leur donnoit ; on y voit une petite cheminée dans l'angle, très-insuffisante pour évacuer la fumée, qui ne pouvoit que très-difficilement sortir par la poterne.

A cette explication des principales pièces, nous allons passer à celle des profils.

Celui sur la ligne a, b, c, d, fait voir la coupe du corps-de-garde M¹, de l'escalier b, qui descend dans le fossé. La coupe de la casemate c, passant par une de ses embrâsures, & par sa poterne ; on y voit en perspective sa seconde embrâsure, & par là, l'on connoît l'énorme entonnoir qu'elles formoient ; l'on voit de même, que son mur de face devant soutenir la poussée de la voûte, avoit douze pieds d'épaisseur. Telles étoient les anciennes casemates, & telles sont encore celles des tours bastionnées de Landau & du Neuf-Brisac, dont on a très-sagement fait d'abandonner l'usage.

Mais en comparant mes casemates, aux casemates exécutées à Cherbourg, & comparant les unes & les autres à celles représentées ici sur le profil a, b , c , d , on sera en état de juger , si Messieurs les Officiers du Génie sont fondés à prétendre que ce sont les anciennes casemates qu'ils y ont exécuté , & non les miennes.

Le petit profil e , f , fait voir que le mur e , qui soutient les terres plus élevées de la tenaille angulaire , est crenelé pour défendre tout l'intérieur du fossé. Il fait voir de même l'intérieur du bâtiment adossé à ce mur , où l'on avoit établi des forges de serrurerie , tandis que le semblable de l'autre côté de cette tenaille , étoit destiné à des fours , l'un & l'autre devant être voûtés par la suite.

Le profil g , h , i , k , l , fait voir la barrière g , l'aîleron P¹ , son intérieur h , la profondeur du petit fossé i , défendu par le corps-de-garde crenelé M¹. Le terre-plein de la tenaille angulaire k , d'où l'on voit en élévation le mur crenelé e , ou 10 , dont nous venons de parler , & enfin la coupe du parapet de la branche S¹ , avec l'escalier qui descend dans le grand fossé.

La coupe m , n , o , p , fait voir la hauteur de la branche S¹ , par-dessus le grand fossé ; sa hauteur par-dessus le fossé intérieur. Dans ce fossé , on voit en face le bâtiment coupé dans le profil e , f , dominé par son mur crenelé ; enfin le rempart q¹ , avec ses doubles parapets.

Le profil q , r , s , coupe la petite traverse droite , fait voir en élévation la traverse angulaire , avec la coupe r , du rempart , son fossé qui est le niveau du terrein , & la coupe d'une partie du parapet S.

Le profil t , u , fait voir l'élévation de la traverse droite , la coupe de la traverse angulaire , & la coupe d'une partie de la casemate c , dans sa longueur , où l'on apperçoit une embrâsure & moitié de la seconde.

La coupe v , x , est la coupe du rempart marqué q¹.

Enfin celle y , z , & , coupe le mur crenelé 9 , en y , en fait voir la hauteur , celle du rempart de la tenaille angulaire & de son parapet , & fait voir en élévation toute sa branche S¹ , avec ses trois embrâsures doubles , vues en face ; de façon qu'au moyen des plans & profils contenus sur cette Planche IIIe , la composition des différentes parties de ce fort , est connue dans tous ses détails.

PLANCHE IV.

Cette Planche contient trois figures , la première est un profil sur la ligne D , E , du plan , Planche première. Ce profil répète , partie de celui sur la ligne A, B *du même plan; en le reprenant depuis le point* D, *ce qui fait voir la coupe de l'extrémité du fort en bois, marqué du chiffre* 4, *comme il l'est Planche* II, *figure première; delà en suivant les chiffres placés sur ce même plan, & les rapportant au profil de la figure première,* Planche IV, *on trouve l'élévation du bâtiment* 5, *la coupe de celui* 6, *l'élévation du bâtiment avancé* 7; *la coupe de celui marqué* 8, *& au-dessus, le haut du magasin & corps-de-garde* L¹ M¹, *avec une petite partie marquée* 11, *du haut du parapet de l'aîleron* P¹, *la coupe du mur crenelé* 9. *L'on voit, après, dans l'éloignement en face, le mur crenelé* 10, *c'est celui que l'on voit coupé au profil* e, f, Planche III. *Ensuite les deux batteries doubles de la tenaille angulaire* 12 & 13, *le mur crenelé* 14, *qui forme l'extrêmité de la tenaille angulaire où se trouve la porte d'entrée, & le retranchement crenelé* 15, *où l'on a placé la seconde porte. Enfin le mur de face de l'un des deux corps-de-garde* 16, *dont on a vu le plan,* Planche III, *avec le même chiffre* 16, *& cette ligne de profil finit par faire voir une face de la demi-lune* 17, *& de la coupe* 18 *de sa batterie de trois pièces, placée sur sa capitale.*

<h2 style="text-align:center">F I G U R E I I.</h2>

Cette figure est un profil coupé sur la ligne E, F *du plan,* Planche première. *On y voit d'abord, la contrescarpe de la demi-lune* 19, *& au-dessus une branche du chemin couvert. Le chiffre* 20 *exprime le parapet avec ses banquettes de la première traverse angulaire, & le chiffre* 21 *en marque l'angle flanqué. De ce chiffre à celui* 22, *est le passage couvert par le talut du glacis, qui conduit à la seconde traverse angulaire* 22, *dont l'angle flanqué est marqué* 23, *de* 24 *à* 25, *c'est le passage qui conduit au puits* 25 *marqué* i, Planche première. *Enfin le chiffre* 26 *est à l'angle flanqué de la flèche qui termine tous les ouvrages avancés.*

<h2 style="text-align:center">F I G U R E I I I.</h2>

Enfin cette figure présente une élévation de la face du fort du côté de la mer ; on y voit 18 *canons dans sa batterie basse, &* 8 *dans ses deux batteries latérales, ce qui fait* 26 *pièces ; dans la seconde batterie, il s'en trouve* 22, *qui voient & battent tout l'espace que les vaisseaux peuvent occuper devant le fort, & il en est de même des dix pièces de la troisième batterie ; ce qui fait 58 pièces partant du fort & de ses deux batteries latérales. On verra dans l'explication de la Planche IX, un compte exact des pièces qui peuvent battre les vaisseaux dans leurs différentes positions devant ce fort, dont l'élévation offerte ici, fait voir que la partie qui comprend la première & la seconde batterie, est en bois, qu'elle est dominée par une partie en bonne maçonnerie de six pieds de hauteur, & six d'épaisseur, terminée par un gazonage en terre, dans lequel sont pratiquées les embrâsures de la troisième batterie. Toutes dispositions que le profil, Planche II, a fait voir.*

OBSERVATION.

Nous ne ferons point mention ici, des Planches V, VI, VII & VIII. Ce que nous en avons dit dans ce Mémoire, étant suffisant pour leur intelligence.

PLANCHE IX.

Nous donnons ici la Planche IX, comme étant sa véritable place; quoique ce soit la même qu'on a donné à la fin des Planches du Supplément au Ve Volume, n° XI, où elle étoit un hors-d'œuvre, comme nous l'avons observé dans l'Avertissement mis à la tête de ce Mémoire.

Cette Planche est très-nécessaire pour connoître l'ensemble de notre Projet pour l'île d'Aix, qui devoit comprendre le bourg fortifié, dont le fort devenoit la citadelle. Ayant donné dans l'explication des Planches précédentes, de grands détails sur le fort, nous nous bornerons ici à faire connoître d'une manière précise, ses effets sur les vaisseaux qui pourroient venir mouiller devant lui, pour en former une attaque.

FORT DE L'ILE D'AIX.

Etat du nombre de coups que chaque partie du Fort peut fournir contre chacun des vaisseaux placés sur la Planche n° IX.

OBSERVATION.

Toutes les embrâsures ayant soixante degrés d'ouverture horisontale, elles ont chacune trente degrés de tir oblique.

PARTANT

PARTANT DU FORT.

Vaiſſeau A
{
Rez-de-chauſſée, 17 coups ; premier étage, 21 coups ; platte-forme, 8 coups. Total...................... 46 coups.

Partant de la batterie environnante.
Batterie C^3, 6 ; batterie C^4, 2 ; batterie C^5, 4. Total.... 12.

Partant de la batterie de l'anſe de la Croix.
Batterie d^1, 12 coups ; batterie d^2, 6. Total...... 18.
Batterie q^3................................ 4.

Total général.... 80 coups.
}

PARTANT DU FORT.

Vaiſſeau B
{
Rez-de-chauſſée, 17 coups ; premier étage, 21 coups ; platte-forme, 8. Total...................... 46 coups.

Partant de la batterie environnante.
Batterie C^8, 6 coups ; batterie C^6, 2 ; batterie C^5, 4. Total.....c.......................... 12.
Batterie de l'anſe du Port.................... 12.
Batterie q^4................................ 4.

Total général.... 74 coups.
}

PARTANT DU FORT.

Vaiſſeau C
{
Rez-de-chauſſée, 18 coups ; premier étage, 20 coups ; platte-forme, 6. Total...................... 44 coups.

Partant de la batterie environnante.
Batterie C^8, 6 coups ; batterie C^3, 6. Total...... 12.
Batterie de l'anſe de la Croix............... 12.
Batterie de l'anſe du Port................... 6.
Batterie q^3, q^4.......................... 8.

Total général.... 82 coups.
}

K

PARTANT DU FORT.

Vaisseau D {

Rez-de-chaussée , 17 coups ; premier étage , 19 coups ; platte-forme , 8. Total............................... 44 coups.

Portant de la batterie environnante.

Batterie C^2, 6 coups ; batterie C^3, 6. Total.... 12.

Batterie de l'anse de la Croix.............. 12.

Batterie de l'anse du Port................. 10.

Batterie q^4............................... 4.

Total général.... 82 coups.

PARTANT DU FORT.

Vaisseau E {

Rez-de-chaussée , 17 coups ; premier étage , 19 coups ; platte-forme , 8. Total............................... 44 coups.

Partant de la batterie environnante.

Batterie C^2, 6 coups ; batterie C^3, 6. Total...... 12.

Partant de la batterie de l'anse de la Croix.

Batterie d^1, 12 coups ; batterie d^2, 4. Total...... 16.

Batterie q^3............................... 4.

Total général..... 76 coups.

Nous ajouterons seulement quelques détails sur cette manière de fermer l'enceinte du bourg, au moyen de deux forts à tours angulaires. Nous en avons déjà fait une mention très-succincte pages 318, 319, & 320 du Supplément au Ve Volume, à l'occasion de la fig. 3, de la Planche X, qui est la même que celle-ci. Mais le dessin représenté sur cette Planche, n'est point encore sur une assez grande échelle, pour que les différentes parties puissent y être rendues sensibles. Nous nous bornerons à dire que les remparts C^1, C^2, &c, f^1, f^2, g^1, g^2, h^1, h^2, sont ainsi que la batterie environnante, disposées à former nombre de batteries accolées du même genre, tandis que les fossés k^3 & k^4, sont défendus par les casemates k^2 & k^5, composées chacune de deux arcades à deux étages, percées de 3 pièces, ce qui fait 12 pièces casematées pour la défense des grands fossés, avec 4 pièces casematées aussi en retour, pour défendre les fossés secs de la fausse-braie, à quoi ayant ajouté au fort Tridou, un grand mur casematé, formant un couvre-face k^1. Ce front de fortification ainsi composé, seroit d'un degré de force, fort

(75)

*ſupérieur à celui néceſſaire dans une pareille ſituation ; mais il faudroit pour
ſon entière intelligence des plans en fondation, & des profils ſur des échelles
plus ſenſibles. Il ſera cependant facile aux gens de l'art, d'y ſuppléer au moyen
de tant d'autres pièces à - peu - près ſemblables, ou du moins faites ſur les
mêmes principes que nous avons déjà ſuivi dans nos précédentes conſtructions.*

*Les différentes notes ajoutées ſur cette Planche, donnent la connoiſſance
de ce qui y reſte d'important à expliquer. Les deux cercles concentriques qu'on
y a tracé, font connoître l'étendue que l'enceinte à mézalêtre du projet de
feu M. Filley devoit occuper, dont la plus grande partie étoit à bâtir dans
la mer. C'eſt ce dont on ne voit aucune néceſſité. C'eſt à l'Artiſte à trouver
des formes qui puiſſent convenir au terrein, c'eſt où ſon génie peut s'exercer,
& la première ainſi que la plus grande économie qu'il puiſſe faire. Nous avons
démontré dans les volumes précédents, que deux forts tels que ceux qu'on
voit ſur cette Planche, ſeroient d'une beaucoup meilleure défenſe qu'un front
baſtionné, & qu'ils ont de plus l'avantage de défendre l'intérieur, de manière
à ce qu'un ſimple parapet ſuffit pour les lier avec le fort principal. Il n'y
auroit aucune poſſibilité qu'une troupe entreprenant de franchir ces parapets,
pût ſe tenir ſous le feu de ces trois forts. Delà naît l'inutilité d'une enceinte
continue de même force, & delà par conséquent il réſulte encore une très-
grande économie.*

*Le tracé de la batterie avancée du projet de M. Filley, qui ſe voit en traits
noirs, fait voir avec quelle facilité le canon placé ſur toutes ſes branches eu
ligne droite, pouvoit être facilement pris en rouage, & comme il y étoit
placé tout à découvert, peu de momens euſſent ſuffi pour en éteindre tout le
feu.*

*Nous le répètons, c'étoit alors ce qu'on connoiſſoit de meilleur pour la
défenſe des rades, & toutes les batteries ſemblables deſtinées à la défenſe de
la rade de Breſt, en ſont une autre preuve.*

P L A N C H E X.

*Cette Planche, a déjà été donnée ſous ce même numéro, au Supplément
du cinquième Volume ; mais nous y avons fait différentes additions,
qui la rendent plus inſtructive, & il ſemble qu'elle manqueroit ici, où nous
avons traité pour la première fois du fort que nous avons fait conſtruire à
l'île d'Aix ; & où nous avons donné différentes Planches contenant les plans
& profils néceſſaires, pour en donner une entière connoiſſance. Mais au moyen*

des lignes de feu , & des différentes notes qui y ont été ajoutées , il reste peu de choses à en dire.

La figure première ayant été donnée en grand, Planche XVI du Ve Volume, n'est ici que pour démontrer l'extrême foiblesse de la batterie avancée 21 , 22 & 23 , d'où la rade pouvoit seule tirer sa défense. L'on voit combien M. Filley la jugeoit mal en 1763 , quand il regardoit cette batterie , comme la plus FORMIDABLE ET LA PLUS ÉTENDUE DÉFENSE DE L'ÎLE D'AIX. Il s'y trouve cependant suivant la direction des feux, des positions pour les vaisseaux, où ils n'auroient que 1 , 2 , 4 & 8 coups de canons à recevoir par décharge. Nous démontrerions facilement qu'une batterie tout simplement circulaire , en donneroit davantage , & elle auroit de plus la propriété d'en donner la même quantité sur tous les prolongemens de ses rayons. Il étoit donc difficile de rien imaginer de plus mauvais ; mais c'étoit tout ce qu'on savoit alors.

La fig. *2 n'est destinée qu'à montrer l'état de ruine où étoit le local de l'ancien fort , sur lequel nous avions à en construire un nouveau.*

La fig. *3 est exactement la même , représentée plus en grand , Planche IX , dont nous venons de donner les détails ; & à l'égard des autres figures de cette Planche , nous ne pouvons que renvoyer à ce que nous en avons dit dans le Supplément au cinquième Volume , depuis la page 313 , jusqu'à la page 346 ; ce seroit nous répéter fort inutilement.*

PLANCHE XI.

Cette Planche contenant le projet d'un Port à la Hougue , n'a pas besoin d'autre explication que celle donnée ci-dessus , pages 44 & 45 de ce Mémoire. On y voit la rade la plus belle & la plus spacieuse qui puisse exister en aucun lieu du monde. Le projet de sa défense & l'enceinte de la Ville est de nous ; mais le projet du Port est , comme nous l'avons dit, de M. Lindu, *premier Ingénieur de la Marine à Brest , Artiste très-compétent pour de pareilles compositions. Il connoît tous les besoins de la Marine , ayant passé sa vie à Brest , & il est plus capable qu'aucun autre d'y avoir pourvu à tout ce que ce service peut exiger pour son utilité & sa commodité.*

Fin de l'Explication des Planches.

MÉMOIRE *sur l'effet du canon*

MÉMOIRE

S U R l'effet du canon dans les Casemates, avec le Procès-verbal de l'épreuve faite du Fort en bois de l'île d'Aix, le 7 Octobre 1781, lu à l'Académie Royale des Sciences le 29 Novembre 1783.

Par M. le Marquis DE MONTALEMBERT, Membre de la même Académie.

DES casemates, font les feuls emplacemens où l'artillerie puisse être confervée dans les Places assiégées ; & c'est de l'artillerie feule qu'elles peuvent tirer leur défenfe. Cependant on les a vu rarement pratiquer dans la conftruction des villes de guerre : en vain l'expérience a-t-elle appris, que peu de jours suffifoient pour démonter celles placées fur les remparts. On ne s'est point lassé d'y en mettre, pour lui faire éprouver le même fort. On ne trouve de casemates que dans quelque Place d'ancienne conftruction, & le Neuf-Brifac paroît être une des plus modernes où elles aient été conftruites ; mais feument pour deux pièces de canon chacune. C'est l'incommodité de la fumée, dit-on, qui en a fait abandonner l'ufage. Il est possible fans doute, que cette incommodité y ait été assez grande pour y faire renoncer ; mais il ne s'enfuit pas, qu'on doive l'éprouver dans toute casemate. Il femble qu'avant de renoncer à un aussi grand avantage, on auroit dû s'attacher à connoître fi la caufe n'en étoit pas dans le vice de leur conftruction. Et l'on n'eut pas tardé à s'appercevoir, que toutes celles en ufage, avoient peu d'élévation dans leur voûte, peu de capacité intérieure, point d'air passant, & des tuyaux de cheminée fort étroits. De-là il a dû fubfifter une ftagnance dans la fumée de la poudre, & un refferrement de fes parties à proportion de l'augmentation de fon volume, à laquelle il devoit être difficile de réfifter. Les cafemates les plus modernes, qui fembleroient devoir être les plus parfaites, font celles qui ont été pratiquées dans les tours baftionnées du Neuf-Brifac; mais elles ont dû être inhabitables toutes les fois qu'on a tenté d'en faire ufage. L'emplacement des batteries y eft très-étroit & peu élevé, la voûte de la feule poterne par laquelle on y entre, eft de fix pieds plus baffe que la clef de la voûte de la cafemate. Il faut donc que la fumée raffemblée dans la partie de la voûte la plus élevée, redefcende pour entrer dans la voûte inférieure de la poterne, qui eft fort étroite & fort longue, ayant à traverfer toute l'épaiffeur du rempart. Sa longueur eft de plus de 50 pieds. Enfin les deux tuyaux de cheminée qui traverfent la voûte pour fortir au haut de la tour, n'ont chacune que trois pieds & demi en quarré, à peine y refpire-t-on dans leur état naturel. Eft-il donc étonnant, que pour peu qu'il s'y raffemble de fumée, on ne puiffe y réfifter? Non fans doute, il ne peut même en être autrement. Les caufes d'un pareil effet font évidentes, & le remede ne paroît pas devoir offrir de grandes difficultés; augmentez les efpaces, donnez un libre cours à l'air, & tous ces inconvéniens difparoîtront.

Ces principes ont déterminé mes conftructions dans l'Ouvrage que j'ai publié avec l'approbation de l'Académie, ainfi que celles relatives au fort que j'ai eu à faire exécuter à l'île d'Aix pendant cette guerre. Et l'expérience confirme ici, ce que la théorie m'avoit indiqué.

Perfuadé par tous les faits que l'Hiftoire nous a tranfmis, & par nombre de Siéges où je me fuis trouvé, que les Fortifications exécutées jufqu'à préfent ne rempliffent point l'objet qu'on s'en étoit promis, j'ai cherché d'autres difpofitions.

Les remparts baftionnés font connus fous trois dénominations, qui indiquent leur différente fituation refpective, courtines, faces, & flancs. Les flancs feuls défendent les courtines & les faces. Ils font cependant la partie la moins étendue des fronts de Fortification, ils n'en font qu'un peu plus du fixieme. On demande d'abord pourquoi ne font-ils pas plus étendus; pourquoi les courtines & les faces, ne défendent-elles aucunes des autres parties de l'enceinte? De-là naît le défir de fupprimer ces parties inutiles à la défenfe , & c'eft l'objet que que j'ai cherché à remplir par la compofition d'un fyftême angulaire , où tout eft flancs. Une fuite de lignes tombant perpendiculairement les unes fur les autres , font à la fois face & flanc , de maniere que tandis qu'un dodécagone de 180 toifes de corde , dont le rempart eft de 256 toifes courantes , n'a pour chaque front baftionné , que 26 à 28 toifes employées à la défenfe de la face oppofée ; le fyftême angulaire en donne 130 , pour la même corde.

On voit qu'une auffi grande étendue de remparts , qui fe flanquent réciproquement , donne d'abord un grand avantage à cette méthode ; mais ce ne feroit point encore affez. L'artillerie fur ces mêmes remparts y auroit été également expofée au ricochet , qui détruit tout ce qu'il peut atteindre ; il falloit la couvrir , & des cafemates étoient indifpenfables. J'ai donc cherché à les conftruire de maniere à ce qu'elles puffent raffembler dans un petit efpace beaucoup de feux , fans avoir à craindre les effets de la fumée d'une artillerie auffi nombreufe. J'ai préfenté , dans mon Ouvrage , ces cafemates dans tous les fens ; & j'en ai donné dans toutes les porportions , fuivant l'importance des Places qu'elles avoient à défendre (1).

Mais un travail auffi confidérable s'eft trouvé , pour ainfi dire , inutile pour moi , lorfque les circonftances m'ont appellé à l'exécution de mes méthodes.

La guerre eft furvenue à la fin de 1778 , & la Rade du Port de Rochefort étoit encore fans aucune défenfe. L'ancien Fort fitué à la pointe méridionale de l'île d'Aix , qui peut feul protéger cette Rade , avoit été pris & démoli en 1775. Feu M. Filley , Directeur de Fortifications , avoit en 1762 projetté une foreteffe confidérable à conftruire dans cette île dont la grande dépenfe avoit fans doute arrêté l'exécution. Elle montoit avec les Forts qui en devoient dépendre à 20,424,643 livres. Cependant fans un Fort à l'île d'Aix , les vaiffeaux,

---

(1) Voyez la *Fortification Perpendiculaire* en cinq volumes in-4°. A Paris, chez PHILIPPE-DENYS PIERRES, Imprimeur Ordinaire du Roi , rue S. Jacques, & ALEXANDRE JOMBERT , jeune, Libraire , rue Dauphine , n° 116. On trouve chez les mêmes Libraires , le Supplément au cinquieme volume , & la Réponfe aux Ingénieurs , in-8°.

du Roi ne pouvoient être armés ; c'eſt ſous ſa protection qu'ils doivent venir prendre leurs canons & leurs munitions de bouche. C'eſt ſous ce Fort que toutes nos flottes marchandes viennent ſe raſſembler, pour prendre leurs vaiſſeaux de convoi, qui doivent les conduire à leurs différentes deſtinations. Il n'y avoit aucune poſſibilité de conſ-truire un fort en pierre, qui auroit été nombre d'années avant de pouvoir ſe défendre lui-même & par conſéquent la Rade. Il n'étoit même pas poſſible de le tenter dans un tel emplacement acceſſible, juſqu'à la portée du piſtolet, de la côte par les plus gros vaiſſeaux ennemis. Le Miniſtre de la Guerre alors en place, me fit l'honneur de me conſulter ſur le parti qu'il étoit poſſible de prendre, & je fus obligé de borner mes idées à la conſtruction d'un Fort en bois, dont l'exécution pouvoit être aſſez-prompte pour donner inceſſamment une protection à la Rade, & pouvoir par la ſuite, ſous cette même pro-tection, bâtir, même en temps de guerre, le Fort en pierre dont je donnai en même-temps le projet.

Ces idées ayant été accueillies favorablement, je reçus ordre au mois de Février 1779, de me rendre à Rochefort, où je fis conſtruire avec les bois que ce Département eut ordre de me livrer, le Fort qui ſe trouve aujourd'hui à l'île d'Aix, où il a été tranſporté de Roche-fort, il eût pu l'être également à l'Amérique. Il y falloit néceſſairement des batteries couvertes. Les vaiſſeaux ont des hunes élevées de 80 & tant de pieds au-deſſus du ſol de l'île. Ils auroient plongé dans l'inté-rieur des batteries, de maniere à n'y pouvoir pas conſerver un canon-nier ; il y falloit de même raſſembler dans un petit eſpace une grande quantité de feux, pour pouvoir en impoſer à la nombreuſe artillerie dont les vaiſſeaux ſont armés. Un Fort en bois compoſé de différentes fermes de charpente, a rempli toutes ces conditions. Deux étages de batteries, ſont ſurmontées d'une terraſſe ſur laquelle eſt établie une troiſieme batterie ; & ces batteries étant percées d'embrâſures à neuf pieds de diſtance d'un centre à l'autre, renferment autant de pièces du calibre de 36, qu'il y a d'embrâſures donnant ſur la Rade. De façon que le Fort ſeul contient dans ſes deux batteries intérieures 56 pieces de ce calibre, & ſur ſa batterie ſupérieure 18 pieces du calibre de 12. Mais il a de plus une batterie baſſe environnante, couverte

par un parapet de 8 pieds de haut qui la met à l'abri du feu des
hunes. Cette batterie eſt armée de 62 pieces de 36, tirant ſur les
vaiſſeaux par des embrâſures en bois ſemblables à celles du Fort ; ce
qui fait une batterie de 142 pieces de canon, battant la Rade dans
tous les ſens, ne permettant pas aux flottes les plus conſidérables
d'en approcher. Et pour que l'Académie puiſſe en connoître la conſtruction, je mets ſous ſes yeux ici des plans en relief de ces mêmes
caſemates, ainſi que ceux du ſyſtême angulaire dont elles font partie.

Mais de telles conſtructions étant abſolument nouvelles, ont fait
naître dans les eſprits bien des doutes ſur leur ſolidité & ſur les ſer-
vices qu'on en pourroit tirer. Nombre d'objections ont été faites, toutes évidemment frivoles ; mais il eſt aiſé de perſuader quand on critique. Et deux principaux reproches contre ce Fort ont fait impreſ-
ſion. Les inconvéniens de la fumée dans ſes batteries caſematées, &
ſa deſtruction par l'effet même, où la commotion, que le ſervice d'une
auſſi grande quantité de pieces d'un auſſi gros calibre, pourroit occaſionner. Tout devoit en recevoir un ébranlement, capable de ren-
verſer le Fort, & faire périr toute la garniſon ſous ſes décombres.
La ſuppoſition d'un pareil déſaſtre a allarmé le Gouvernement, & a
donné lieu à l'ordre qui fut donné en Octobre 1781, de faire une
épreuve de ce Fort, en faiſant l'exécution du feu de toutes ſes
batteries pendant pluſieurs heures, avec plus de vivacité que celle
qu'on pourroit faire en préſence de l'ennemi. J'oſe dire que c'étoit
combler mes vœux, puiſque je ne pouvois me flatter, que le Roi eût
conſenti à une conſommation de munitions d'une dépenſe auſſi conſidérable, pour me donner la ſatisfaction de prouver en même-temps ;
& l'extrême ſolidité du Fort & le peu d'incommodité qu'il y auroit
à éprouver de la fumée de ſon artillerie dans de ſemblables caſemates. Je n'ai pas lieu de croire que ceux qui ont opiné, pour la
néceſſité d'une pareille épreuve, l'aient fait dans l'intention de me
procurer cette ſatisfaction ; mais l'effet en ayant été le même, je dois
également leur en ſavoir gré.

Le Procès-verbal de cette épreuve, que nous rapportons ici dans
toute ſon étendue, & l'extrait de la Lettre de M. le Marquis de Voyer,
Commandant dans la Province, à M. le Marquis de Ségur, Miniſtre

de la Guerre , font les pieces probantes du fuccès de cette épreuve.

Procès-verbal de l'épreuve faite au Fort en bois de l'île d'Aix.

Aujourd'hui 7 d'Octobre 1781 , en conféquence des ordres du Roi adreffés à M. le Marquis de Voyer , Lieutenant-Général des Armées du Roi , Commandant en fecond dans les Provinces d'Aunis , Saintonge & Poitou. Conformément à la Lettre à lui adreffée par M. le Marquis de Ségur , en date du 12 Septembre 1781.

Et en l'abfence de M. le Marquis de la Touche de Tréville , Commandant la Marine à Rochefort , dont la fanté ne lui a pas permis d'affifter à l'épreuve. En préfence de M. le Chevalier Daubanton , Brigadier des Armées Navales , faifant fonction de Directeur-Général du Port de Rochefort.

De M. le Marquis de Montalembert , Maréchal des Camps & Armées du Roi.

De M. Dajot , Maréchal des Camps & Armées du Roi , Directeur des Fortifications de la Province.

De M. Dupin de Bellugard , faifant fonction de Directeur de l'Artillerie de la Marine.

De M. de la Clocheterie , faifant fonctions de Major-Général de la Marine & du Port. Tous les trois indiqués dans la lettre de M. le Marquis de Caftries , à M. le Marquis de la Touche de Tréville.

Et de nous fouffigné Colonel , Directeur de l'Artillerie. Tous affemblés pour procéder à cette épreuve.

Il a été tiré par 16 pieces de 36 de la batterie du rez-de-chauffée ;
Par 40 de la batterie du premier étage ,
Et onze du calibre de 12 de la batterie fupérieure ,
523 *coups de canon* qui ont été exécutés par feu réglé & fucceffif de chaque piece.

Par feu à volonté qui a duré une demi-heure des trois batteries du Fort.

Par falves fucceffives des trois batteries.

Et par une falve générale des trois batteries fervies enfemble. Le tout dans l'intervalle de deux heures.

Le feu n'a été interrompu par aucun accident, & a été fait avec toute la vivacité défirable fans aucune avarie, ni commotion préjudiciable audit Fort.

Et tous les ci-deffus dénommés ont figné au bas du préfent Procès-verbal.

Il eft à obferver que le Miniftre n'ayant point donné d'ordre relatif aux effets de la fumée, le Procès-verbal n'a pu en faire mention. C'eft à quoi la Lettre du Commandant de la Province a fuppléé.

EXTRAIT de la Lettre de M. le Marquis de Voyer, *Lieutenant-Général des Armées du Roi, Commandant dans les Provinces de Poitou, Aunis & Saintonge, à M. le Marquis de Ségur, Miniftre & Secrétaire d'État au Département de la Guerre.*

A l'île d'Aix, le 7 Octobre 1781.

Monfieur le Marquis,

Vous apprendrez avec fatisfaction en lifant le Procès-verbal dreffé par M. Dyvoley, (Directeur d'Artillerie) & dont je joints un double à cette Lettre, que l'épreuve ordonnée du Fort en bois de l'île d'Aix, a eu un fuccès complet.

On eft unanimement convenu, qu'il eût été inutile de la pouffer plus loin, & que ce n'auroit été qu'une confommation fuperflue de boulets, dont nous avons très-peu.

Il faut convenir d'abord, que la fumée du canon dans la premiere & feconde batterie, (couverte), eft, de l'aveu même de MM. de la Marine, beaucoup moindre, & moins incommode, qu'elle ne l'eft dans celle des entre-ponts des vaiffeaux. Cette artillerie eft montée fur des affûts très-ingénieux (1). *Il paroît certain que le feu du Fort de M. le* Marquis de Montalembert, *joint à celui de la batterie environnante & fur-tout à celui de la batterie de l'anfe de la Croix,* que l'on doit regarder comme un chef-d'œuvre, feroit taire le feu de l'ennemi.

---

(1) *N. B.* Voyez ces affûts, Tome V *de la Fortification Perpendiculaire*, Planches VI & VII, & les Planches VII & VIII, du Supplément au Vᵉ Volume, ainfi que la dernière Planche de la Réponfe aux Ingénieurs. Voyez encore les Planches VI & VII du préfent Mémoire fur les cafemates.

Il faut convenir que cette nouvelle théorie *rassemble une plus grande masse de feux , dans un moindre espace , que le systéme de Fortification généralement reçu , & qu'il semble exiger moins de troupes pour sa défense.*

Ce qui est fait est solide & bon à en juger par l'épreuve.

Je dois à la vérité de dire , que si dans cette nouvelle théorie , plusieurs détails ont dérouté mes foibles connoissances en fait de Fortification *, beaucoup d'autres *m'ont paru le résultat d'idées long-tems digérées , par un Militaire , qui a savamment approfondi les principes connus de l'Artillerie & du Génie , avant de se permettre de les combattre ,* & de mettre en pratique ceux qu'il a publié en 1776 , dans son Ouvrage intitulé la *Fortification Perpendiculaire.*

Je suis avec un respectueux attachement, Monsieur le Marquis , Votre , &c. *Signé* VOYER D'ARGENSON.

L'on peut donc dire , que le procès des casemates est gagné par cette épreuve. Il n'est pas possible d'objecter contre leur usage l'effet nuisible de la fumée , puisqu'alors il ne pourra être imputé qu'à un défaut de construction. On voit ici 56 pieces de canon du calibre de 36 , exécutant pendant deux heures un feu successif, un feu par salves de batteries , & un feu par salves générales toutes à la fois, sans que la fumée ait opposé aucun obstacle à sa durée. Elle a été dans les batteries, de l'aveu de tous les Officiers de la Marine présens, *moindre & moins incommode qu'elle ne l'est dans celles de l'entre-pont des Vais-*

---

* *N. B.* En s'exprimant ainsi, feu M. le Marquis de Voyer a eu la candeur d'avouer, qu'il avoit désapprouvé d'abord des méthodes , qu'il n'étoit pas alors en état de juger, en s'en rapportant à ce qu'on avoit pris le soin de lui en dire. Mais dès qu'il les a eu jugé par lui-même, il n'a pas craint de leur rendre authentiquement justice, & de se rétracter devant le Ministre même. Une bonne-foi si rare, mérite sans doute les plus grands éloges ; que n'est-elle plus souvent imitée !

Nous devons également rendre justice ici à feu M. d'Ajot, Directeur des fortifications de la Province , présent à cette épreuve, par les ordres qu'il en avoit reçu , & qui a signé ce même procès-verbal. En retournant à Paris, & passant chez M. le Marquis de Crussol-d'Amboise, dans une de ses terres en Poitou , il dit que ce n'étoit pas du tout le compte qu'on lui en avoit rendu , qu'il trouvoit ce Fort très-bon ; qu'il étoit on ne peut pas plus ingénieux , & d'une défense supérieure à toutes celles en usage jusqu'alors, ...

seaux.

feaux. Et pour ceux dont l'œil attentif en a obſervé tous les effets, ils ne pourront former aucun doute ſur le ſuccès des batteries placées dans des ſouterrains ſuffiſamment aérés. Celles du Fort de l'île d'Aix étoient même dans un cas moins favorable, qu'elles ne le ſont dans la plupart des caſemates, qui ſe trouvent dans mon Traité de Fortification, puiſque ces dernieres ſont entiérement ouvertes du côté de l'intérieur de la Place ; tandis que celles de l'île d'Aix n'avoient d'ouverture qu'une croiſée de 10 pieds en quarré : ces croiſées d'un côté, les embraſures du côté oppoſé, & des cheminées de 30 pieds en quarré, pratiquées dans la terraſſe du haut du Fort, ont été les ſeuls paſſages par où la fumée ait pu ſe diſſiper. Mais c'eſt en quoi l'expérience a été plus inſtructive, puiſque ces iſſues ont fait connoître la vîteſſe que la fumée pouvoit prendre par l'impulſion de l'air paſſant, & par l'effet de l'exploſion de la poudre enflammée ſur l'air intérieur. Et ce dernier effet s'eſt manifeſté de la maniere la plus ſenſible. A chaque coup de canon de l'intérieur du Fort, la quantité & la vîteſſe de la fumée portée au dehors étoit toujours augmentée. Les embrâſures des canons qui ne tiroient pas en même tems, donnoient plus de fumée que dans les inſtants de ceſſation du feu. Toutes les fois que le feu des batteries a été peu conſidérable, il y paroiſſoit plus de fumée, que lorſque le feu devenoit plus vif ; & il n'y en a jamais moins eu, qu'après des ſalves générales. Ces ſalves imprimoient un mouvement rapide à la fumée par les différentes iſſues, qui ſe conſervoit même après l'effet ceſſé. Et l'intérieur de la batterie ſe trouvoit entiérement dégagé. Dans la batterie du premier étage du Fort, armé de 40 pieces de canon du calibre de 36, eſpacés ſeulement à 9 pieds les uns des autres ; on y eſt reſté pendant deux heures de ſuite, comme on auroit fait en plein air. Les Canonniers, les Officiers, les Spectateurs, perſonne n'en a reſſenti la moindre incommodité. L'on ne peut faire dans ce genre d'expérience plus forte, puiſqu'on ne trouvera point ailleurs que dans ce Fort, une batterie d'un auſſi grand nombre de canons & tous d'un auſſi gros calibre ; mais ce que cette expérience importante a fait connoître encore, à ceux qui avoient été capables d'en douter, c'eſt que l'on peut dans des Forts en bois, y établir telle quantité d'artillerie que l'on jugera néceſſaire, ſans avoir à craindre que

B

la folidité en foit altérée. Les parapets de la terraffe fupérieure avoient été nouvellement faits, d'un mauvais gazon fabloneux qui n'avoit eu le tems de prendre aucune confiftance. Les critiques avoient annoncé, que tous ces gazons fe bouleverferoient & tomberoient du haut du Fort. Tandis qu'on a obfervé au contraire qu'il ne s'en eft pas détaché le plus petit morceau, & que même la falve générale de tous les canons à la fois, faite par le moyen d'*étoupilles*, qui ont fait partir toutes les pieces enfemble, avoit été moins fenfible à ceux qui étoient placés au haut du Fort, qu'un feul coup. On en peut donner la raifon. Chaque canon dans le Fort a fa travée de charpente particuliere; quand le canon des travées latérales ne tiroit pas, l'ébranlement occafionné par la commotion de l'air de celui qui tiroit, n'étoit contrebalancé par aucun ébranlement; quand tous ont tiré à la fois, ces effets fe font oppofés les uns aux autres, & en ont diminué la fenfibilité.

C'eft ainfi qu'on tombe dans de grandes erreurs, lorfqu'on ne s'applique pas à démêler la véritable caufe de certains effets nuifibles. Ne devoit-on pas fentir, que la fumée des canons dans des cafemates, ne pouvoit le devenir que dans le cas où les efpaces, ainfi que les iffues ne feroient pas fuffifans? car enfin, l'on n'a pas pu croire, que quelqu'étendue que l'on donnât à l'un & à l'autre, l'effet feroit toujours le même. Il falloit donc dire, les cafemates dans les proportions qu'on leur a donné jufqu'à préfent, ne font pas praticables, & ne pas profcrire toute les cafemates, dans quelque proportion qu'elles puffent être conftruites. Il eft prouvé d'une maniere inconteftable, que celles de l'île d'Aix font bonnes; d'où l'on doit conclure que celles qui feront également ouvertes, ou qui pourront l'être encore plus, telles que celles qui fe trouvent dans mon Traité, font d'un excellent ufage. Et comme cette vérité eft de la plus grande importance pour les progrès qu'on peut faire dans l'Art des Fortifications, j'ai dû la configner dans le fein de l'Académie, afin qu'elle puiffe fe tranfmettre, à ceux qui auront après nous à s'occuper de cette partie fi importante de l'Art Militaire, & j'aurai toujours à me féliciter, d'avoir été l'occafion d'une épreuve, dont il réfulte des connoiffances auffi utiles.

FIN.